불황의 시대,
일본 기업에 취업하라

불황의 시대, 일본 기업에 취직하라

초판 1쇄 인쇄 2018년 8월 30일
초판 1쇄 발행 2018년 9월 07일

지은이 정희선

발행인 백유미 조영석
발행처 (주)라온아시아
주소 서울시 서초구 효령로 34길 4, 프린스효령빌딩 5F

등록 2016년 7월 5일 제 2016-000141호
전화 070-7600-8230 **팩스** 070-4754-2473

값 13,800원
ISBN 979-11-89089-32-0 03320

불황의 시대, 일본 기업에 취업하라

스펙,
토익 없이도
취업할 수 있는
전략

정희선 지음

RAON
BOOK

10년 후 나는 어느 나라에서 일하고 있을까?

"희선, 나 일본으로 발령 났어. 이제 우리 일본으로 가야 해."

미국 유학 시절에 만나서 결혼한 일본인 남편이 어느 날 집에 돌아와서 건넨 이 한 마디가 내 인생을 일본이라는 나라로 이끌었다. 일본인과 결혼했지만, 남편이 동남아 국가에서 주재원으로 근무 중이었고, 주재원 생활이 계속될 거라고 들어왔던 터라 나는 일본에서 사는 것을 먼 훗날의 일로만 생각하고 있었다. 언젠가는 일본에서 살겠지만 당분간 내가 살 곳은 아니라고 간주하고 있어서 일본어에 대한 관심도 없었다. 3개월 후 일본행 비행기에 탔을 때 머릿속을 가득 채운 건 미래에 대한 걱정이었다. "일본어 어떡하지? 난 히라가나도 모르는데." "일본에서 잘 살 수 있을까?" "일본에 내가 다닐 직장이 있을까?"

나는 어려서부터 항상 글로벌 커리어를 꿈꿨다. 해외에서 살면서 일하는 것을 늘 소망했다. 이 책을 읽는 독자들도 마찬가지겠지만, '글로벌 커리어'라고 하면 왠지 미국이나 영국, 호주 등의 영어권 국가에서 직장에 다니는 모습을 떠올릴 것이다. 나도 글로벌 커리어 우먼을 꿈꾸며, 늦은 나이에 미국에서 대학원을 다녔고 미국에서 직장을 잡으려고 많은 노력을 기울였다. 미국 현지의 제약회사에서 인턴 근무도 했고, 가장 큰 소비재 회사의 마케팅 직에 최종 면접까지 올랐지만 입사는 하지 못했다. 취업을 하지 못하고 한국으로 돌아왔을 때는 꿈을 이루지 못해서 괴로웠다.

인생이 늘 계획대로 풀리는 것은 아니지만, 바라고 바라면 결국에는 얻는 것 같다. 내가 꿈꾸던 글로벌 커리어를 생각지도 않았던 일본에서 만들 수 있었다. 나는 미국 경영컨설팅 회사의 도쿄 지사에서 경영컨설턴트로 일했고, 현재는 일본 회사에서 해외 시장의 산업 및 기업 애널리스트로 일하고 있다. 다양한 국적의 사람들과 영어나 일본어로 대화하면서 세계 곳곳을 출장 다니는 내 자신을 발견하면서 깨달았다. 내 꿈을 미국이 아닌 일본에서 성취했다는 것을. 그리고 내가 일본이라는 나라에 대해 편협한 시각을 가지고 있었다는 것을. 이러한 경험과 더불어, 내가 일본에서 만난 외국인들이 현지에서 자신들의 경력을 훌륭히 쌓고 있는 모습을 보면서, 일본 취업의 매력에 대해 알리고 싶었다.

바다 건너 한국에서는 일자리가 없는 반면, 다른 쪽 일본에서는 일할 사람이 없는 현상이 동시에 벌어지고 있다. 극과 극의 상황을 피부로 느끼면서 안타까운 동시에 우리나라 젊은이들이 일본에 건너오면 좋겠다는 생각을 계속 했다. 일자리가 없다는 것은 미래를 꿈꿀 수 없다는 말이다. 우리나라 젊은이들은 세계 어느 나라의 젊은이들보다 더 치열하게 취업을 준비하고 미래를 구상하고 있지만, 직업과 희망이 안 보이는 현실에 부딪히고 있다. 토익 만점, 공모전 수상, 어학연수 등에 시간과 노력, 비용을 바치지만, 자신이 쏟은 노력과 비용에 비해 결과를 얻기 힘든 사회에 살고 있다.

외국에서 일하며 산다는 것이 쉬운 일은 아니지만, 바다를 건너야 할 만큼 현재 한국의 취업난은 심각하다. 또한 인생에서 가장 중요한 과제 중 하나인 커리어는 바다를 건너서라도 제대로 만들어야 할 문제다. 취업준비생에게만 해당되는 이야기가 아니다. 현재 한국에서 직장에 다니는 경력직 청년들도 글로벌화된 이 시대에 자신의 커리어에 대해서 진지하게 고민해야 한다. 내 커리어는 안전한가? 시간이 지나면서 근무연수에 따라 직급이 올라가는 커리어는 4차 산업혁명이 도래한 이 시대에 과연 얼마나 오래 갈 수 있을까? 현재 직장에서 괜찮은 연봉을 받으며 괜찮은 직급에 있는 직장인일수록 더 치열하게 고민해야 한다. 45~50세의 나이에 대기업 부장으로 명예퇴직하고 나서 무엇을 할 수 있을까? 회사 명함 없이 세상에 나왔을 때 살아남을 수 있는 무기가 있을까? 이런 고민을 하는 직장인들도 해외 취업이라는 제3의 길을 한번 고민해봐야 한다.

인생을 바꾸고 싶으면 '자신이 하는 일'이나 '자신이 만나는 사람', '자신이 사는 곳'을 바꿔야 한다고 들은 적 있다. 돌이켜보면 나도 인생을 바꾸는 방법의 하나로 해외 유학과 해외 취업을 선택했던 것 같다. 미국에 유학 갈 당시 나는 한국 나이로 33세였다. 주변 사람들은 "늦은 나이에 무슨 유학을 가느냐", "유학 다녀오면 결혼 못한다", "유학 다녀와도 별거 없다"는 말로 나를 만류했다. 하지만 떠나지 않으면 5년 뒤, 10년 뒤에 분명히 후회할 것이라는 확신이 있어서 유학을 감행했다. 그 당시의 작지만 과감한 결정이 '내가 하는 일'과 '내가 만나는 사람들', 그리고 '내가 사는 곳'까지 바꿨다.

이 책을 읽는 독자들도 모두 인생을 더 좋은 방향으로 바꾸고 싶은 열망이 많을 것이라고 짐작한다. 나는 자신의 인생에서 기회의 문을 하나라도 더 열고자 하는 젊은이들에게 해외 취업을 진지하게 고민해보라고, 특히 옆 나라 일본에서 일하며 살아보라고 적극 추천한다.

현재 한국의 젊은이들에게 일본 취업에 대한 정보가 아주 부족할 뿐만 아니라 일본 취업의 매력이 제대로 전달되지 않았다고 생각한다. 이 책에서는 신문이나 인터넷으로 본 통계가 아니라 진짜 일본 취업과 일본에서의 커리어를 이야기하고자 한다. 일본 정착 초기에 "아리가토 고자이마스"밖에 모르던 시절부터 나는 취직하기 위해 고군분투했다. 취업준비생으로 겪은 일본 취업시장의 이야기부터 시작해서, 일본 회사와 글로벌 기업의 도쿄 지사 등에서 경험한 직장생활, 그리고 일본에서 직장생활을 훌륭히 하고 있는 많은 한국인과 외국인들의 이야기를 하면서, 일본 취업시장의 현주소를 전하고 싶다.

1장에서는 일본 취업의 장점과 매력에 대해서 전반적으로 다룬다. 2장에서는 '실현 가능성'의 측면에서 일본 취업을 전망하고, 다른 나라에 비해서 일본에서 실제로 취업할 확률이 높은 이유에 대해서 하나씩 풀어본다. 3장에서는 일본에서 직장생활을 하면서 느낀 경험을 토대로, 일본 직장생활의 장점에 대해 이야기한다. 나머지 4장에서 6장까지는 취업 준비 노하우와 요령을 공유한다. 그리고 각 장의 마지막에는 TIP을 수록해서 많은 사람들이 궁금해하는 일본 생활과 취업에 관한 궁금증을 풀어보려고 한다.

나의 바람은 이 책을 읽으며 대한민국의 젊은이들이 자극을 받고 일본 취업에 대해 관심을 갖고 도전하는 것이다. 일본을 발판으로 전세계 무대에서 활약하는 젊은이들이 많아지길 진심으로 희망한다.

· 차례 ·

02 일본에서 글로벌 커리어를 시작해야 하는 이유

03 일본 직장생활이 진짜 좋은 이유

PART 2

취준생 99%가 모르는 일본 취업 노하우

04 자신을 잘 판매하라

05 취업박람회와 채용 에이전시를 통해 나를 알려라

06 일본어와 영어를 같이 준비하라

PART 1

불황의 시대, 일본 기업에 취업하라

01

왜 '일본 취업' 인가?

최근에는 해외 취업에 관심 있는 사람들이 많아지고 있다. 그중에서도 일본 취업에 도전하는 젊은이들이 많다. 오래 전부터 주변 사람들에게 일본 취업의 장점을 이야기하고 다녔던 나는 높아진 관심이 반갑다. 하지만 '현재 일본에서 인력이 부족하다'는 사실 외에 일본 취업이 어떤 면에서 좋은지, 자신의 커리어에서 어떤 의미가 될 수 있는지에 대해 제대로 설명하는 사람이 없는 것 같아서 안타까웠다.

1장에서는 일본 취업의 장점과, 일본 취업을 고려해야 하는 이유를 비롯해서, 일본이라는 나라가 전반적인 커리어 형성에 어떤 역할을 할 수 있을지 이야기하려고 한다. 일본의 전반적인 경제 상황과 부족한 노동력 등의 현황을 먼저 이해하고, 일본 취업의 장점에 대해 알아보자.

한국의 구직난 vs. 일본의 구인난

현재 일본의 취업률은 역대 최고치다

한국의 신문 헤드라인

"청년 실업률 11.6%, 청년 10명 중 한 명은 실업자."

"원서 수백 곳 넣어봐야 한곳 될까 말까."

"좌절하는 청년들, 공공기관 채용비리 없는 곳이 없었다."

일본의 신문 헤드라인

"유효 구인배율(1명당 일자리 수) 1.59 기록, 44년 만에 최고치."

"2018년 졸업 대학생 취직률 98%, 완전고용의 시대."

"대졸자 모시기 급급한 일본기업들, 구직자가 면접 담당자 선택 가능."

최근 6개월간 한국과 일본의 신문에서 발췌한 헤드라인이다. 공식적인 통계에 의하면, 한국에서는 15~29세 청년 중 한 명은 취업을 하지 못한 상태다. 반면, 일본은 청년 1명이 1.5개의 일자리를 놓고 어느 곳을 갈지 고르는 상황이다. 일본 대졸자의 취업 관련 통계자료에 의하면, 2018년 봄에 졸업한 대학생의 취업률이 역대 최고인 98.0%를 기록하여 사실상 대졸자 전원이 취업했다고 할 수 있다. 회사에서 필요로 하는 대학 졸업생의 수를 뜻하는 '구인총수求人総数'는 2018년 75.5만 명에서 2019년 81.4만 명으로 5.9만 명 증가한 반면, 대학생의 취업희망자 수는 2018년과 2019년 모두 43.2만 명의 수준을 유지하고 있다. 즉 2018년 대학 졸업생은

대졸자의 취직률과 구인총수

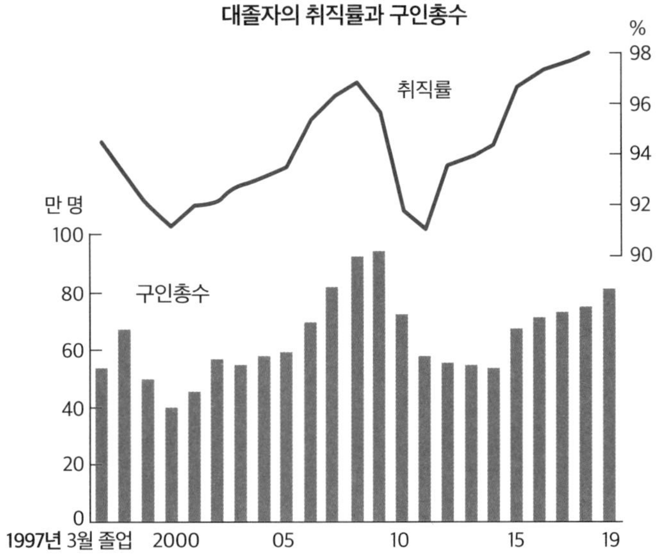

출처: 《니혼게이자이 신문》, 리쿠르트워크스 연구소

32.3만 명, 2019년 졸업생은 38.2만 명이 부족한 상황이다.

신입사원 채용뿐만 아니라 경력사원 채용도 활발하다. 2018년 6월에 발표된 통계에 의하면, 이직자의 구인배율(기업이 채용하려는 인원 수 ÷ 구직자 수, 즉 구직자 1인당 일자리 수)은 2.43으로, 경력직원 채용시장에서 기업은 현재 약 2.5명의 경력직원을 뽑고 싶어 하는데 시장에 나와 있는 경력자는 1명에 불과한 상황이다. 또한 취업시장이 호황이다 보니 연봉을 높여서 이직에 성공하는 사람들이 늘고 있다. 일본의 취업 사이트 중 하나인 리쿠르트 캐리어의 조사에

이직구인배율 · 구인수 · 이직희망자수

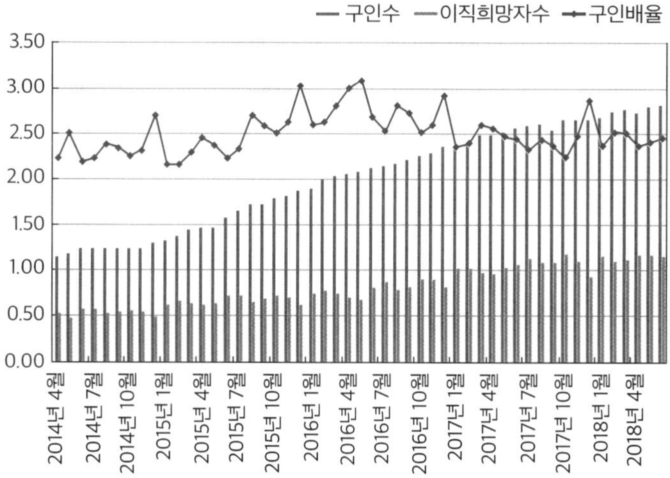

출처: 구인·구직 사이트 DODA의 《이직구인배율 보고서》

'이직으로 급여가 10퍼센트 이상 늘었다고'고 답한 사람의 비율

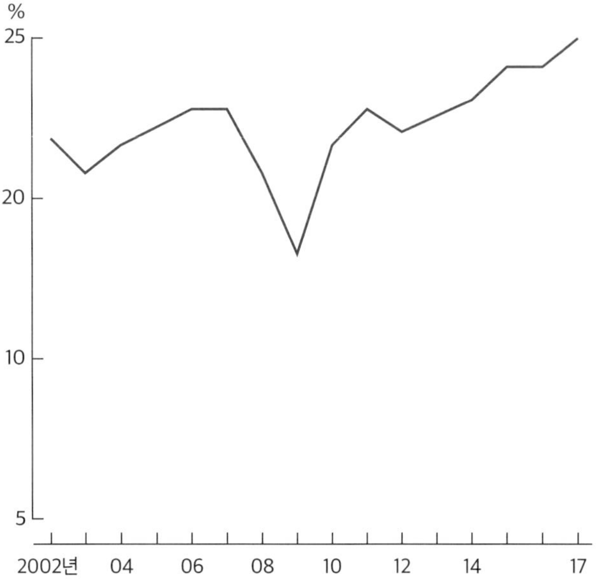

출처: 리쿠르트 캐리어

의하면, '이직으로 급여가 10퍼센트 이상 늘었다'는 응답이 2017년에 29.7%로 5년 연속 상승했다.

청년 10명 중 2~3명이 실업 상태인 한국

한국의 현실은 숫자보다 더욱 암울하다. '실업률' 의 공식 정의에 따르면, 정부는 실업자를 '경제활동인구 중 직업을 못 구한 사람'의 비율로 계산한다. 여기서 중요한 점은 '경제활동인구' 즉, 비경제활동인구는 실업률에 포함하지 않는데, 비경제활동 인구에 바로 '취업준비생'이 포함된다는 점이다. 예를 들어, 공무원 시험

을 1년 준비하고 있는 사람은 비경제활동 인구로 파악되어서 실업자로 분류되지 않는다. 또한 직업을 구하지 못해 커피숍에서 매일 5시간씩 아르바이트를 하는 청년의 경우도 취업자로 분류되어 실업 통계에 잡히지 않는다. 결국 한국 청년 10명 중 1명이 아니라 실은 2~3명이 실업 상태인 셈이다.

통계기사를 예로 들지 않더라도, 한국과 일본의 취업상황을 나도 몸으로 느끼고 있다. 친동생을 포함하여 동생의 친구들 중에 30대가 넘어서도 계약직을 전전하거나, 아니면 무직인 젊은이들이 많다. 대학 졸업 후 몇 년째 9급 공무원 시험을 준비하며 아름다운 20대를 신림동에서 보내고 있는 젊은이도 흔히 보인다. 반면, 내가 현재 살고 있는 일본에서 만난 대학 졸업생들은 적게는 2~3개, 많게는 5~6개의 회사로부터 합격 통지서를 받고 어느 회사를 갈지 행복한 고민을 하고 있다. 신입 시장뿐만 아니라 경력직 대상의 취업시장도 호황이다. 일본에서 어느 정도 경력을 쌓은 한국인들이 링크드인Linked In, 세계 최대의 비즈니스 인맥 사이트을 통해 이직 의사를 묻는 메시지를 받거나, 자신의 커리어를 한 단계 업그레이드해 더 높은 연봉을 받으며 이직하는 사례를 종종 본다. 나도 인재 채용업체로부터 어느 회사에 좋은 공석이 생겼는데 관심이 있는지 묻는 메시지를 한 달에 몇 건씩 받고 있다.

일할 사람이 부족한 일본

일본은 왜 이렇게 노동력이 부족한 것일까? 가장 큰 원인은 말

그대로 '사람이 부족'하기 때문이다. 우리나라보다 일찍 고령화, 저출산 문제가 시작된 일본에는 젊은이들이 부족하다. 일본 통계에 따르면, 15~29세 젊은이의 수는 2000년에 2,530만 명이었으나 2018년 2월 시점에 1,779만 명으로 감소했다. 즉, 20년이 채 안 되는 사이에 청년 인구 약 751만 명이 줄어든 것이다. 일본 경제의 미래를 이끌어갈 '청년' 자체가 부족하다 보니, 현재 일본 정부는 노동력 부족을 해결하기 위해 다양한 정책을 시행하고 있으며, 일본 기업들도 외국인 채용에 매우 적극적이다.

또 다른 노동력 부족의 원인은 현재 일본의 경제가 회복되고 있기 때문이다. 아베 총리는 취임 후 일본의 경제 회복을 위해 온갖 방법을 동원하고 있으며, 2020년 도쿄 올림픽 개최와 맞물려 경기가 조금씩 활력을 찾고 있다. 지난 20년간 일본 경제는 성장 정체, 소위 '잃어버린 20년'을 경험했지만, 일본 기업들 중에는 체질 개선, 즉 구조조정을 통해 회사의 재무제표를 튼튼하게 만든 회사들이 많다.

최근 일본의 신문에서는 연일 "○○회사 사상 최대 이익" "○○회사 실적 버블 이후 최고 갱신" 등의 기사가 보도된다. 보도되는 기사 및 통계자료가 모든 직종과 회사에 해당되는 것은 아니지만, 일본이 전반적으로 일할 사람이 부족하고 일자리 자원이 풍부한 곳이라는 점은 명백하다. 이제부터 일본의 경제 회복에 대해 알아보자.

일본, 불황의 터널을 빠져나오다

먼저 일본의 현 경제 상황에 대해 알아보자. 취업률이나 실업률은 국가의 경제 상황과 뗄래야 뗄 수 없는 관계다. 경기가 좋으면 일자리가 많아지는 것은 당연한 이치다. 그런 점에서 일본에서의 취업 및 경력 연계를 이야기하기 전에 일본의 경제 상황에 대해 이해하는 것이 중요하다.

필자는 경제학자가 아니어서 체계적인 설명은 하지 못하지만, 일본 현지에서 일하는 사람으로서 경기 흐름에 대해서는 말할 수 있다. 경영컨설턴트로서 활동하면서 만난 일본의 다양한 산업의 회사에서 얻은 정보와, 기업이나 은행에서 근무하는 친구들의 이야기를 들으면서 체감한 바로는, 일본 경제는 활력을 찾고 있다. 조금 딱딱하지만, 경제 관련 통계부터 짚어보자.

체질을 개선한 일본 경제

일본의 GDP(국내총생산)는 2017년 4/4분기까지 2년 연속 플러스 성장을 기록하고 있다. 1996년 외환위기 이후 지속적으로 하락하던 닛케이 지수Nikkei Index, 도쿄 증권거래소의 주요 주가지수도 2017년 하반기에 최고치를 기록했고 지난 10년간 지속적으로 상승하고 있다. 2017년 경영실적 발표에서도 토요타를 비롯한 일본 기업들이 사상 최고의 실적을 갱신했다는 뉴스가 쏟아졌다. 일본 기업들의 2018년 3월 결산(2017년 4월부터 2018년 3월까지의 경영실적)에 의하면, 상장기업들의 매출은 약 560조 엔으로 사상 최고치를 갱신했으며, 순이익은 약 29조 엔에 달해 5년 전에 비해 3배 증가한 규모다. 이러한 실적은 대기업에만 국한된 이야기가 아니다. 일본 재무성의 통계에 의하면, 대기업, 중견기업, 중소기업 모두 경영이익이 2010년부터

일본의 닛케이 지수 추이(2009년~2018년)

출처: 닛케이 지수(https://indexes.nikkei.co.jp/)

지속적으로 증가하고 있다. 일본 기업들이 해외 자회사에서 벌어들이는 수익(직접투자수익)도 2.5배 증가했다.

외형적인 성장을 보일 뿐만 아니라 일본 기업들의 재무건전성도 개선되고 있다. 1995년 565조 엔까지 늘어났던 일본 기업들의 부채가 2005년 337조 엔으로 줄었으며, 2010년부터는 현금을 내부에 쌓는 구조로 돌아섰다. 또한 일본 기업들은 지난 20년의 불황을 거치면서 비용절감을 위해 다양한 방안을 시도했고, 그 결과 매출뿐만 아니라 영업이익률도 과거 최고치를 갱신하고 있다. 해외 시장 개척 외에도 선택과 집중 전략으로 일본 기업들의 순이익이 사상 최고치를 기록했고, 이에 따라 ROE(자기자본이익률)가 처음으로 10퍼센트를 넘어섰다. 이러한 통계수치를 보면 일본 경제가

일본 기업들의 해외 직접투자 수익이 증가하고 있다
(2007년도 수익율 100으로 상정)

출처: 일본 재무성 통계에 의해 작성된 《니혼게이자이신문》 자료

확실히 회복되고 있는 것을 알 수 있다.

직원 채용 및 사업 확장의 붐이 일고 있다

그렇다면, 일선 현장에 있는 일본인들은 자국의 경제에 대해서 어떻게 느끼고 있을까? 개인적인 사례를 하나 들어보겠다. 내 남편은 일본인으로 미국계 은행의 도쿄 지점에서 일하는데, 주요 고객들은 토요타에서부터 히타치, 미츠비시, 닌텐도에 이르는 일본 대기업들이다. 남편은 그 회사들의 실적을 점검하고, 미국 투자, 공장설립뿐만 아니라 M&A(인수합병) 관련 정보까지 클라이언트인 일본 회사들의 재무팀을 통해서 많이 듣는다. "일본 기업들의 체질이 개선되었다. 불필요한 영역의 구조조정이 이루어지고, 본인들이 잘하는 핵심 분야에만 집중하고 있다"는 것이 남편이 고객사들을 만나면서 내린 판단이다. 기업들의 실적이 개선되면서, 남편이 근무하는 일본 지점의 실적도 자연스럽게 늘고 있다. 미국 본사에서도 일본의 실적이 증가하면서, 간단히 말해서 장사가 잘되면서, 예전보다 일본 시장에 더 큰 관심을 보이고 있고, 본사 임원들도 도쿄 지점을 자주 방문하고 있다고 한다. 실적이 좋다 보니 최근 직원을 계속 채용 중인데, 면접 대상자들 중에서는 일본인뿐만 아니라 대만인, 한국인 등 외국인도 많으며, 실력만 좋으면 국적에 상관없이 적극적으로 채용하고 있다는 이야기를 들었다.

내가 예전에 근무했던, 경영컨설팅 회사의 도쿄 지사에서도 일본 회사들의 해외 진출 프로젝트 의뢰가 많이 들어오는 상황이다. 도쿄 지사의 파트너(도쿄 지사를 책임 관리하는 사장)에 의하면, 10년 전이나 15년 전만 해도 일본 회사들은 비용절감 프로젝트와, 기업의 핵심역량을 진단하고 불필요한 비즈니스 영역을 없애는 프로젝트를 의뢰했다고 한다. 하지만 2010년 이후에는 해외 진출이나 신제품 출시 등 사업확장 프로젝트 컨설팅이 조금씩 증가했다고 한다. 즉, 지난 20년간 일본 기업들이 구조조정을 거쳐 체질을 개선했고, 현재는 강화된 역량으로 사업을 확장하거나 성장시키려는 욕구가 높다는 것을 알 수 있다.

경제에는 상승과 하강을 반복하는 경기 사이클이 있기 때문에, 현재 일본의 경기 회복이 언제 다시 하락세로 돌아설지 모른다. 하지만 분명한 점은 장기간 불황을 겪는 동안 많은 일본 기업들이 혹독한 수업료를 내며 체질을 개선했다는 것이다. 더 이상 성장하지 않는 내수 시장의 한계를 극복하기 위해 해외 투자도 많이 늘렸다. 그러한 노력들이 지금의 현상으로 나타나고 있다.

일본은 기회의 땅

일본 경제가 우리나라보다 20년 앞서간다는 이야기를 많이 한다. 일본에서 벌어지는 인구, 사회, 경제적 현상이 그대로 20년 뒤 우리나라에서 일어나고 있다는 주장이다. 꺼질 것 같지 않던 경제 호황을 누리던 일본은 1996년경부터 생산가능 인구의 감소, 엔고에 따른 제품의 글로벌 가격경쟁력 약화 등의 복합적인 요인으로 경기침체에 빠지기 시작했다. 일부 경제학자들은 이미 한국이 일본이 1990년대 후반부터 겪기 시작한 불황에 빠져들고 있다고 말한다. 한국의 인구구조학적 변화와 경제 상황이 20년 전의 일본과 비슷하다는 것이다. 그런 관점에서 볼 때, 이미 불황의 터널을 빠져나오기 시작한 일본과 불황의 터널에 진입하는 한국 중에서, 우리는 어느 곳에 있어야 할까?

인류의 역사는 부를 찾아 떠나는 여정의 연속이라고 해도 과언이 아니다. 유럽인들은 새로운 땅을 찾아 신대륙인 미국으로 떠났고, 미국에서도 많은 사람들이 서부의 금광을 찾아 이동했다. 모두 조금이라도 더 잘 살기 위해 위험을 무릅쓰고 기회의 땅을 찾아나선 것이다. 지금 내 눈에는 일본이 한국의 젊은이들이 활약할 수 있는 기회의 땅으로 보인다. 다시 꿈틀거리기 시작한 세계 3위의 경제대국이며 일자리가 넘치는 곳이 바로 일본이다. 반면, 한국은 일자리뿐만 아니라 많은 경제 영역에서 정체가 시작되고 있는 것 같다. '헬조선', 'N포세대'라는 신조어에서 엿볼 수 있듯이, 젊은이들에게 대한민국은 기회가 없는 땅, 돈과 권력이 있는 사람들에게는 천국이지만 그렇지 않은 사람들에게는 지옥으로 비춰지고 있는 것 같아 안타깝다. 기회가 없다면 기회가 있는 곳으로 옮기는 것도 하나의 방법이다. 한국이 아니라 일본에서 그 기회를 찾는 것은 어떨까.

일본에서 3년만 일하면 세계로 진출한다

일본을 발판으로 세계에 도전하라

"언니, 저 이번에 싱가폴에 있는 회사에서 제안을 받아서 가게 되었어요. 제가 한국어와 일본어를 둘 다 구사할 수 있어서 회사에서 좋아해요."

"누나! 나 홍콩 주재원으로 나가게 되었어요. 홍콩에서 4~5년 지내게 될 것 같아요. 홍콩 오면 연락주세요."

내가 일본 취업을 권하는 가장 큰 이유는 바로 일본에서 일한 경력을 발판으로 삼아, 일본 내 글로벌 기업이나 다른 나라로의 이직을 계획할 수 있기 때문이다.

2016년 월드 뱅크World Bank의 데이터를 기준으로 일본의 GDP

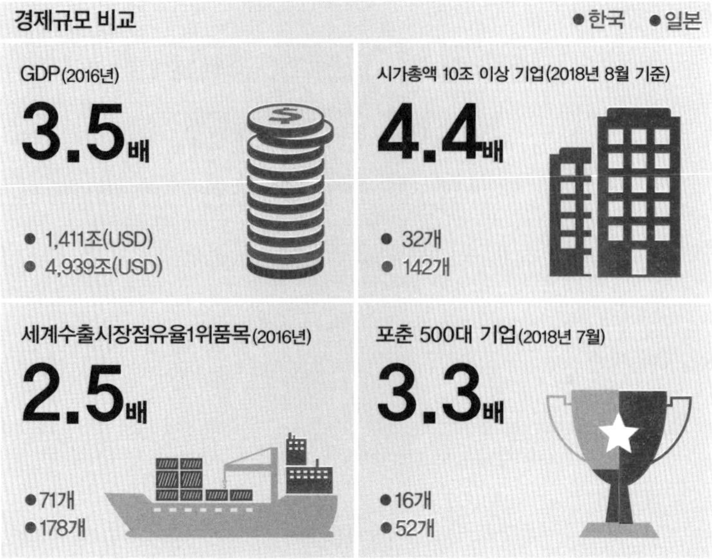

는 약 4조 9,390억 달러, 한국은 1조 4,110달러로, 일본의 경제 규모는 한국의 3.5배다. 일본에 진출한 글로벌 기업의 수도 한국보다 많다. 한국의 경우 포춘 글로벌Fortune Global 500대 기업 중 약 50퍼센트가 국내에 진출해 있다(2015년 KOTRA 기준으로, 252개 기업이 진출해 있다). 반면, 일본에는 500대 기업이 대부분 진출해 있다(심지어 500대 기업 중 약 10퍼센트는 일본 기업이다).

일본에 진출한 글로벌 기업의 수가 많은 것뿐만이 아니다. 글로벌 기업들의 일본 사업 규모가 한국 사업 규모보다 큰데다, 많은 경우 도쿄 지사가 글로벌 기업의 APACAsia Pacific 지역을 담당하는 역할을 한다. 글로벌 기업들은 아시아에 진출할 때 내수 시장이 크고 국민소득이 높은 일본에 제일 먼저 진입하고, 일본에서

기타 아시아 국가들을 관리하는 경우가 많다. 금융산업의 경우에는 홍콩이나 싱가폴에 APAC 본사를 두는 회사가 많지만, 금융 이외의 제조업이나 서비스업의 경우에는 도쿄에 APAC 본사를 두는 회사가 많다. 예를 들어, 구글 도쿄 지사의 경우 일본 시장을 담당하는 팀뿐만 아니라 APAC팀도 있기 때문에, APAC팀의 구글 직원들은 도쿄에 근무하면서 다른 아시아 국가들로 출장을 다닌다.

일본에 진출한 글로벌 기업이 많은 것과 더불어, 일본 기업들도 해외에 많이 진출해 있다. 특히 미국과 아시아 국가들의 진출이 많다. 일본 기업들의 해외 직접투자 중 30.8퍼센트가 미국에 집중되고 있다. 즉, 일본 기업이 현지법인이나 공장을 가장 많이 설립하는 나라가 미국이다. 두 번째로 많은 지역은 중국을 제외한 아시아 지역으로, 일본 기업의 직접투자 비율이 22.7퍼센트를 차지한다. 최근에는 동남아 지역의 높은 성장세에 맞춰서 일본 기업들이 적극적으로 동남아 시장에 진출해 있다. 이와 같이 미국과 아시아 국가로의 진출이 많기 때문에, 일본 기업에 근무한 경력과 일본어를 바탕으로 해외 진출한 일본 기업으로의 이직이 가능하다.

글로벌 커리어를 꿈꾼다면 일본에서 시작하라

일본 현지의 회사에서 경력을 쌓기 시작하더라도, 일본 내 글로벌 기업으로 이직하거나 미국, 싱가폴 등의 다른 국가로 이직하는 게 어렵지 않다. 따라서 글로벌 커리어를 꿈꾼다면 일본에서 시작하라고 말할 수 있다. 여기서 내 주변의 실제 사례를 몇 가지

소개하겠다. 이 사례들 중에는 나처럼 일본어를 전혀 하지 못하는 상태로 일본에 온 사람들도 있는데, 일본어 실력을 늘리고 경력을 쌓고 영어 실력도 늘리면서 한국에서는 가능하지 못했던 글로벌 커리어를 쌓고 있다.

사례 1 : 일본 회사에서 미국 실리콘밸리로

친한 친구 A씨는 한국에서 대학교를 졸업한 후 일본 대학원에서 석사 학위를 받았고, 대학원 졸업 후 일본의 화학 회사에서 영업직으로 5년간 근무했다. 급여, 근무 조건, 회사 문화 등 모든 면에서 회사 생활이 만족스러웠지만, A씨는 종종 고민을 털어놓곤 했다. "지금은 좋은데 난 5년 뒤가 두려워. 5년 뒤에도 지금과 똑같은 일을 하면서 살아가고 있다면…… 내가 도태된 느낌이 들 것 같아. 새로운 자극이 필요한 시점인 것 같아." A씨는 새로운 도전을 찾아 미국 실리콘밸리로 이직을 했다. 실리콘밸리에 위치한 일본 대기업 계열의 벤처캐피털 회사로 이직하여 현재는 샌프란시스코의 많은 벤처기업들을 상대하고 있다. 유창한 일본어와 영어, 화학 분야의 경력으로 그녀는 실리콘밸리라는 또 다른 기회를 만들 수 있었다

사례 2 : 한국 대기업에서 구글 APAC팀으로

B씨는 한국의 대기업에서 3년 정도 일한 한국인으로, 일본에 와서 어학연수를 마치고 자신의 대기업 경력과 일본어를 무기로 구글 일본에 입사했다. 이후 구글의 일본팀에서 구글 APAC팀으로 이동하여, 한국을 포함한 아시아 국가들을 상대로 마케팅을 하고 있다. 현재 미국 구글 본사를 비롯하여, 구글 한국 및 아시아 국가로 출장을 다니며 전 세계를 무대로 활동 중이다.

사례 3 : 일본 회사에서 시작, 글로벌 기업의 아시아 담당자로

아주 고무적인 사례로, C씨는 한국의 지방대 출신으로, 흔히 말하는 훌륭한 스펙을 갖춘 사람이 아니었다. 그는 일본어 JLPT N1을 취득한 후에 일본 기업의 인사팀에 취업했다. 2년 후에는 일본 내 외국계 기업의 인사팀으로 이직하여 그곳에서 3년간 근무한 후에 싱가폴로 진출했다. 현재 싱가폴에서 살면서 글로벌 IT회사의 APAC 인사업무를 담당하고 있다. 글로벌 기업의 아시아 지역 담당자로 발탁되는 과정에서 자신의 일본어 능력이 큰 역할을 했다고 한다. (JLPT는 Japanese Language Proficiency Test의 약자로, 일본 국내 및 국외에서 일본어를 모국어로 하지 않는 사람을 대상으로 일본국제교류기금과 일본국제교육지원협회가 주최하는 일본어능력시험을 말한다.)

사례 4: 일본 벤처회사에서 시작, 일본 회사의 미국 지사로

일본 벤처회사에서 경력을 시작한 친구 D씨의 사례다. 벤처회사에서 2년간 근무한 후 그녀는 내가 근무했던 글로벌 컨설팅 회사의 도쿄 지사에서 컨설턴트로 2년간 일했다. 그녀는 현재 일본 회사가 설립한 (시카고 소재) 미국 지사의 기획팀에서 근무 중이다. 일본 회사는 미국 지사에서 근무할 직원을 채용할 때는 기본적으로 영어 커뮤니케이션 능력도 평가하지만, 영어보다 일본어가 유창한 사람을 뽑고 싶어 한다. 아무래도 일본 본사와의 원활한 소통이 중요하고, 지사에 일본인 직원도 많기 때문이다. 의외로 미국에서 일본어가 유창한 사람을 찾기는 쉽지 않다고 한다. 그녀의 경우도 일본어 능력이 미국에서 직업을 가질 수 있었던 가장 큰 무기였다.

이 외에도 일본 회사에 입사한 후 경력을 쌓아서 일본 내 외국계 기업으로 이직하거나 일본 이외의 국가로 이직하는 경우를 많이 지켜보았다.

이 사례들에서 보듯이, 일본에서의 경력은 일본을 넘어서 그 이상을 의미한다. 일본 근무 경력과 일본어를 무기로, 해외에 진출한 일본 회사로 이직이 가능하다. 그리고 그곳에서 일본 회사가 아닌 현지 국가의 회사로의 이직도 가능하다. 일본에서도 미국이나 유럽계 기업의 APAC 업무를 하면서 미국(혹은 유럽)과 아시아를 연결하는 업무를 할 수도 있다.

나는 일본 취업에 관심 있는 젊은이들에게 꼭 일본으로 건너오라고 말하고 싶다. 덧붙여, 일본에 만족하지 말고 더 큰 세계를 꿈꾸길 바란다. 일본을 시작으로, 일본어와 영어라는 무기를 가지고 세계 시장에 도전할 것을 기대한다.

이 책을 읽고 있는 독자 중에는 '나는 일본이 별로인데……' '나는 일본에서 오래 살고 싶지 않은데……' '나는 미국에서 일하고 싶은데……'라고 생각하는 사람도 있을 것이다. 그런 독자들에게도 일본에서 우선 3년만 경력을 쌓아보라고 권하고 싶다. 일본에서 취업한다고 해서 평생 일본에서 살아야 한다는 것은 아니다. 일본은 우리가 알고 있는 것보다 더 큰 경제력의 나라이고, 우리보다 더 글로벌화된 국가다. 일본에서 3~5년 경력을 쌓고 다른 나라로 진출하는 사람이 아주 많다. 혹시 미국이나 서양 국가에서 일하고 싶은 사람이라면, 오히려 일본으로 와서 이곳에서 시작하는 것이 해결의 열쇠가 될 수 있다.

서양에 비해 일본이 적응하기 쉽다

소극적인 동양인 vs. 적극적인 한국인

평가 1

맡은 일을 잘 수행한다. 하지만 회의시간에 더 적극적으로 자신의 의견을 말할 필요가 있다. 회사의 네트워크를 더욱 활용하길 바란다.

평가 2

자신의 프로젝트에 항상 적극적으로 임하며, 다른 부서의 팀에게도 긍정적인 영향을 미친다. 프로젝트를 정해진 대로 완수할 뿐만 아니라, 항상 개선점을 생각하고 새로운 의견을 개진하는 것이 매우 고무적이다.

이 두 개의 상반된 평가를 읽을 때 어떤 인물이 상상되는가? 머릿속에서 전자는 자신감 없고 소극적이며 할 말도 못하는 사람으로, 후자는 자신감 넘치는 적극적인 인물로 그려지지 않는가? 하지만 두 의견 모두 한 사람에 대한 평가다. 둘 다 내가 상사에게 받은 평가였다. 내가 다중성격인가? 아니면 때에 따라 기분과 상태가 변하는 사람인가? 아니다. 한 가지 차이점은 거주하는 환경이었다.

첫 번째 평가는 미국 현지의 제약회사에서 인턴을 할 때 미국인 상사에게 받은 의견이다. 두 번째 평가는 현재 근무하는 일본 회사의 상사에게 받은 의견이다.

나는 내 자신을 대한민국에서 둘째가라면 서러울 정도로 적극적인 사람이라고 생각한다. 사람 만나는 것을 좋아하고 일 벌이는 것을 좋아한다. 말수도 적은 편이 아니다. 하지만 이런 나도 미국에서는 자기 표현을 잘 하지 못하고 적극적이지 않은 '소극적인 동양인'의 한 명일 뿐이었다.

수동적인 학습의 동양 vs. 발표와 토론이 익숙한 서양

비교문화 연구의 대가로 평가받는 사회심리학 분야의 세계적 석학인 리처드 니스벳 교수는 자신의 저서 《생각의 지도》에서 동양과 서양의 차이점을 설명한다. 두 문화권은 여러 차이가 있지만, 니스벳 교수는 그중 하나로 토론 문화를 꼽는다. 니스벳 교수는 서양인들에게 토론은 제2의 천성과 같다고 말한다. 미국인들은 어려서부터 자신의 의견을 주장하는 훈련을 받는다. 학교에서도 항상 자신의 의견을 말하는 분위기이며, 발표 수업이나 토론 수업에 익숙해 있다. 반면, 동양에는 자유롭고 활발한 토론 문화가 거의 존재하지 않는다. 한국에서는 수업시간에 선생님의 말을 듣고 받아 적으며 일방적으로 지식을 흡수한다. 이 차이점을 이해하는 것이, 해외 취업을 고려하는 사람들이 취업 국가를 선택할 때 아주 중요한 요소가 된다.

내가 경험한 서양 국가, 특히 미국은 자기 주장을 피력하고 자기 자신을 드러내는 것이 무척 중요한 사회였다. 미국 유학 시절 나를 포함한 한국 학생들은 수업시간에 요점 없이 쉴 새 없이 떠드는 미국인들을 비아냥거렸다. "오늘도 스티븐은 알맹이 없이 입 운동만 하더라고." 하지만 시간이 지나면서 깨달았다. '말의 질, 핵심'도 중요하지만 그에 못지않게 미국에서는 '말의 양' 즉, 얼마나 많이, 얼마나 자주 자신의 의견을 내세우느냐가 중요하다는 사실을 알게 되었다. 이러한 토론 문화와 자기 피력 문화에 익숙하지 않은 우리나라 사람들이 미국에서 직장생활(혹은 학교생활)을 하면서 문화적 차이를 인식하고 적응하는 것은 생각보다 쉽지 않다. 그런 이유에서인지 미국 태생이 아니라 동양문화권에서 자란 많은 아시아인들이 회계나 데이터 분석같이 수치로 증명 가능한 직업에 종사하고 있다.

우리는 흔히 '해외취업' 혹은 '글로벌 커리어'라고 하면 미국이나 호주 등의 영어권 국가에서 파란 눈의 금발 머리 외국인들과

혀를 엄청 굴려가며 영어로 일하는 장면을 상상한다. 왠지 일본어를 하는 것보다 영어를 하는 게 더 멋있게 보인다. 검은 머리 일본인들과 일하는 것보다는 파란 눈의 금발 머리 백인들과 일하는 자신의 모습이 꼭 드라마 주인공 같기 때문이다.

나 역시 그랬다. 나도 드라마 주인공처럼 되고 싶어서 미국으로 유학도 갔고 미국 현지에서 일도 해보았다. 주변에서는 부러워하는 친구들도 있었지만, 미국 직장에서 일하면서 심적으로 힘들었다. 어려서부터 토론과 자기주장 표현 방식을 배운 적이 없는 대한민국 토종인으로서 내게 미국 직장생활은 쉽지 않았고, 이전에 경험하지 못한 새로운 스트레스에 어떻게 대처해야 할지 몰랐다. 학교라는 울타리 안에서는 내가 돈을 내고 다니기 때문에 대부분의 사람들이 친절했고 상황도 여유로웠다. 하지만 미국 직장은 달랐다. 내가 돈을 받고 다니는 직장은 성과를 내야 하는 곳이었고, 무엇보다도 '성과'를 내기 힘들었다. 아무리 열심히 해도 나는 최고 등급의 성과를 올릴 수 없는 곳이었다. 이러한 상황에 계속 노출되다 보니 자신감을 점점 잃어갔다.

토종 한국인이 적응하기엔 일본이 낫다

나는 단순히 '취업'만이 아니라 '인생 전반의 커리어'를 이야기하고 싶다. '취업'은 말 그대로 직업을 구하는 것이다. 그렇다면 일본 편의점에서 아르바이트로 근무해도 '해외 취업'이 된다. '취업'은 '커리어를 만들어가는 경로이자 도구'이다. '취업'과 '이직'이 쌓여 한 사람의 커리어가 형성된다. 다시 말해서, 취업을 했다고 끝난 것이 아니다. 취업한 시점부터 시작이다. 취업한 회사에서 성과를 내고, 성취감을 맛보고, 이력서에 채워나갈 프로젝트와 실적을 만들어야 한다.

단순한 취업이 아니라 장기적 관점에서 커리어 설계 및 성과를 생각할 때, 우리와 비슷한 사고방식과 문화를 가진 일본이 서양보다 훨씬 더 적응하기 쉽다. 나는 미국에 있을 때나 일본에 있는 현재나 성격이 똑같다. 하지만 미국 직장에서 근무할 때보다 마음이 훨씬 더 편하고 일하기 즐겁다. 일이 즐거운 만큼 당연히 성과도 올리고 있다. 아무래도 문화적·사회적 규칙이 미국보다는 일본이 우리와 유사하기 때문인 것 같다. 일본에서는 내가 배우고 자라온 대로 행동해도 미국에서와 달리 크게 다르다는 느낌을 받지 않는다.

미국이나 호주에서 성공적으로 커리어를 이끌어가는 사람도 많다. 각자의 성격이나 적응력에 따라 다를 수 있다. 하지만 대한민국에서 30년을 살아온 전형적인 토종 한국인인 나와, 내가 만난 다른 토종 한국인들의 경험에 비춰볼 때, 미국보다는 일본이 훨씬 적응하기 쉽다고 자신 있게 말할 수 있다.

사람은 자신이 어려서부터 사용해온 언어와 문화적 배경에서 자유로울 수 없다. 일본이 아닌 영어권 국가에서 일하는 것을 꿈꾸는 젊은이들도 미국이나 호주 등만 고려할 게 아니라, 일본을 거쳐서 다른 나라로 가는 것을 한번 생각해보길 바란다. 앞서 언급했듯이, 일본어와 영어를 구사할 수 있고 특정 분야에서 경력을 쌓은 사람은 일본에서 다른 나라로 수월하게 진출할 수 있다. 그리고 이점이 하나 더 있다. 일본의 글로벌 기업에서 일하면서 서양 친구들의 근무 방식이나 토론 방식 등을 좀 더 편안한 환경에서 몸에 익힌 후 미국이나 호주로 이직한다면 현지에서 더 쉽게 적응할 수 있다.

도쿄에서는 3개 국어가 가능하다

모국어 + 영어 + 일본어

불과 10년 전만 하더라도 3개 국어를 하는trilingual, 트라이링구얼, 3개 국어를 구사하는 것 사람을 만난 적이 거의 없었고, 3개 국어를 하는 사람은 태어날 때부터 언어에 재능 있는 사람들이라고 생각했다. '영어 하나 하기도 벅찬데 어떻게 외국어를 2개나 할 수 있지?'라고 의아해했다. 하지만 내가 일본에서 만난 친구들은 대부분 3개 국어를 한다. 일본에서 만난 한국인들은 한국어와 일본어, 영어를 하고, 중국인들은 중국어와 일본어, 영어를 하고, 아르헨티나에서 온 친구는 스페인어와 영어, 일본어를 한다. 자신의 모국어에 더하여, 영어와 일본어를 말하는 유형이다. 처음에는 언어를 그 정도로 구사하지 못하더라도, 일본에서 3년 정도 지내고 나서 3개 국어를 하는 친구들도 많다. 자신의 모국어와 영어밖에 못하던 친구들이 일본어를 익혀서 결국에는 3개 국어가 가능하게 된 것이다.

나는 일본어 학원에서 만난 외국인 친구들과 수업시간에는 일본어로 이야기하지만, 수업이 끝나고 뒷풀이 자리에서는 영어로 이야기한다. 나는 현재 일본 회사에 근무하고 있는데, 내 상사들은 중국인과 스리랑카인이다. 따라서, 상사와 업무를 이야기할 때는 영어를 사용하지만, 다른 팀의 동료와 이야기하거나 점심식사를 같이 할 때는 일본어를 주로 사용한다. 일본어로 제대로 표현하지 못하는 경우에는 영어 단어를 일본어와 섞어서 설명하기도 한다.

일본어와 영어에 많이 노출된다

내게 언어 재능이 있어서 그런 것일까? 아니다. 단언컨대, 나는 전혀 언어에 재능이 있는 편이 아니다. 다만, 자연스럽게 일본어와 영어에 많이 '노출된' 것뿐이다. 언어를 공부할 때는 얼마나 그 언어에 많이 노출되는지가 아주 중요하다. 그런 점에서 일본에서 일하며 살면서 일본어는 당연히 많이 듣고 쓰게 되는데, 의외로 영어도 연습할 기회가 많다. 일본에 거주하는 외국인이 많기 때문에 외국인들과의 접점도 많다. 적극적으로 외국인 모임에 참가하면 일본어뿐만 아니라 영어 실력도 자연스럽게 늘게 된다. 일본에 사는 서양인들은 동양에 대한 관심이 많고 이해도가 높을 뿐 아니라, 일본인의 영어 발음과 브로큰 잉글리쉬broken English, 엉터리 영어나 문법적으로 맞지 않은 영어를 많이 듣고 지내서, 영어를 조금 어눌하게 해도 친절히 들어주는 경향이 있다. 또한 일본에 사는 서양인들 중에는 한국어에 관심 있는 사람들도 있어서, 같이 어울리며 지내다 보면 영어 실력도 향상된다. 즉, 일본에서는 자신의 노력에 따라 일본어뿐만 아니라 영어 연습도 가능하다.

일본에서 살면 다음과 같이 영어와 일본어가 섞인 대화를 자주 들을 수 있다.

"What did you do last weekend?"

(지난 주말에 뭐 했어?)

"I went to Kyoto! 桜がすごかった!"

(교토 다녀왔어! 벚꽃이 굉장했어!)

"ooo たべた?"

(ooo 먹었어?)

"食べたけど, 行列だった。I waited for one hour."

(먹긴 먹었는데, 줄이 엄청 길었어. 1시간을 기다렸어.)

3개 국어를 하면 이직 가능한 회사가 무궁무진해진다

그렇다면, 3개 국어를 구사하게 된다는 것은 무엇을 의미하는가? 3개 국어가 가능해지면, 이직 가능한 회사의 폭이 정말 넓어진다. 일본 회사에서는 영어 실력을 자신의 장점으로 내세울 수 있고, 외국계 기업(주로 서구권 기업)의 일본 지사에서는 일본어와 한국어 구사능력을 크게 부각시킬 수 있다. 경력직의 경우 많은 언어를 구사한다고 무조건 취업이 되는 것은 아니고, 기본적인 업무능력과 경력이 있어야 하지만, 구사할 수 있는 언어가 2개가 아니라 3개가 되는 순간, 강력한 무기가 하나 생기는 것이다.

나는 일본어를 전혀 모르는 채로 일본에 왔고, 첫 직장은 영어를 공용어로 하는 일본 회사였다. 이직을 처음 고려했을 때, JLPT N2에는 합격했지만 일본어를 사용할 기회가 거의 없어서 회화 실력은 초보 수준이었다. 그 당시에는 이직할 수 있는 회사가 많지 않았다. 하지만 JLPT N1에 합격하고 일본어 회화에도 어느 정도 자신감이 붙은 상황에서는 이력서를 제출할 수 있는 회사의 범위가 정말 넓어졌다. 일본 회사뿐만 아니라 가끔은 싱가폴 소재의 일본계 컨설팅 회사나 리서치 회사에서도 이직 의사를 문의하기도 했다.

영어 외에 언어를 하나 더 준비하라

나는 이 책을 읽는 모든 젊은이에게 일본어가 아니더라도 영어 외에 다른 나라 언어를 꼭 하나 더 준비하라고 권하고 싶다. 글로벌화된 세상에서 영어는 더 이상 나의 '경쟁력'이 될 수 없다. 이제는 영어를 잘하는 것이 당연한 사회다. 언어를 자신의 무기로 내세우고 싶다면, 반드시 영어 외의 언어를 하나 더 익혀야 한다. 그리고 제3의 언어를 습득해야 한다면, 스페인어 같은 유럽권 언어가 아니라, 동양권 언어가 커리어 측면에서 유리하다. 우리는 한국인이고 동양권 사람들이어서, 글로벌 기업에서 일하더라도 한국 및 아시아 관련 업무를 할 가능성이 크다. 아시아 시장을 상대로 일할 경우 일본어나 중국어를 할 수 있다면 큰 도움이 된다.

나중에 자세히 설명하겠지만, 일본어는 한국인이 배우기 가장 쉬운 언어다. 어순이 같은데다 한자를 쓰기 때문에, 본인이 열심히 노력하면 1~2년 안에 기본 회화뿐만 아니라, 비즈니스 일본어도 가능하다. 일본어를 구사할 수 있으면, 일본이 아닌 다른 국가에 취업하더라도 그곳에 진출한 일본 회사에 취직하거나 일본인 커뮤니티에 참가하는 등 자신의 네트워크를 확장하는 데 도움이 된다.

3개 국어를 하는 게 꿈만 같다고? 꿈이 절대 아니다. 10여 년 전의 나는 영어에 쩔쩔매서 토익 700점도 못 받았다. 지금도 영어와 일본어를 완벽하게 하는 것도 아니다. 영어 발음도 안 좋고 한국인 특유의 억양도 있다. 예전과 다른 점이 있다면, 이제는 영어와 일본어로 말하는 데 익숙해졌다. 영어로 말하는 나의 모습이, 일본어로 말하는 나의 모습이 어색하지 않고, 영어와 일본어를 들을 때도 편하다. 장기간에 걸쳐 자연스럽게 두 언어에 많이 노출되었고, 듣기와 말하기 연습을 꾸준히 하고 있기 때문이다. 내가 만난 많은 일본 거주 한국인들이 영어와 일본어, 한국어를 구사한다. 그들 모두 언어에 재능이 있어서 3개 국어를 하는 것이 아니다. 업무에서 영어와 일본어를 많이 듣고 말하고 쓰는데다, 본인들이 연습을 계속 하고 있기 때문이다.

이 책을 읽는 여러분도 몇 년만 일본에 살면서 노력한다면 영어와 일본어, 한국어로 편하게 말하는 자신을 발견하게 될 것이다. 아침에 영자신문을 읽고 저녁에 일본 버라이어티 쇼를 보면서 박장대소하고, 직장에서 미국인 상사와 컨퍼런스 콜을 하고, 점심시간에 일본인 동료와 일본어로 수다를 떠는 모습이 바로 여러분 자신의 모습이 될 수 있다. 꾸준히 연습하기만 한다면 3개 국어라는 평생의 무기를 갖게 될 것이다.

TIP 01

신입사원의 연봉은 정말 낮은가요?

일본 취업에 부정적인 사람들이 내세우는 가장 큰 논리가 연봉이다. "일본은 연봉이 안 높아. 한국보다 연봉이 좋지도 않은데 물가는 더 비싸잖아." 신입사원의 경우 급여가 많지 않아서, 일본에서 매달 집세를 내면서 살면 수중에 남는 게 없다는 것이 주된 근거다. 틀린 말은 아니다. 경력 5년 미만이나 대리 직급 미만의 경우에는 돈을 많이 벌려는 목적에서 일본에 취업한다면 실망할 것이다. 일본 취업은 돈보다는 지원자의 커리어 계발 및 글로벌 커리어의 디딤돌로 추진하는 게 맞다. 반면에 경력 5년 이상의 구직자들, 특히 일본에 진출한 외국계 회사에 취업한 사람들은 같은 회사의 한국 지사보다 연봉이 높게 책정된다. 또한 경력이 5년 정도 되면 한국보다 높은 연봉을 주는 회사가 많다.

연봉에 대해서는 말하기는 상당히 조심스럽다. 회사마다 다르고, 같은 회사에 근무하더라도 지원자별 연봉 계약에 따라 다르기 때문에 일률적으로 말하기 어렵다. 다음 내용은 연봉에 관한 기본 자료로만 참조하면 좋다.

신입사원 연봉

일본 신입사원의 경우, 대기업과 중소기업, 외국계 기업을 막론하고 급여 자체는 비슷하다. 거의 대부분의 회사에서 월급여 20~22만 엔을 제시한다. 여기서 12를 곱하여 연봉으로 계산하면 240~264만 엔이 되는데, 이 숫자를 보고 일본의 신입사원 연봉이 한국보다 낮다는 불만이 나오는 것이다. 하지만 사실과는 다르다.

우선 한국 회사와 일본 회사의 연봉체제 차이점을 이해해야 한다. 한국 회사는 각종 수당을 포함한 연봉으로 급여를 지급한다. 예를 들어, 2017년 대기업 대졸 평균 초임이 3,855만원으로 조사되었다(출처: 잡코리아). 이 금액에는 보너스와 야근수당 등이 포함된다.

일본은 연봉을 제안할 때 '월급'으로 제시한다. 그런데 이 월급에는 상여, 야근수당, 주택보조금 등이 포함되지 않기 때문에, 지원하는 회사별로 급여 외 부분을 잘 살펴봐야 한다. 일본 기업은 1년에 두 번, 6월과 12월에 상여금을 지급하는데, 이 금액이 상당히 크다. 일본 대기업은 상여금으로 평균 급여의 5~6개월분을 지급한다. 즉, 직원들은 6월에 3개월분 월급을, 12월에 3개월분 월급을 추가로 받는다. 실적이 좋을 때는 더 지급되는 경우도 많다. 또한 많은 일본 회사에서 주택보조금(대기업의 경우 약 5만 엔)을 지급하거나, 신입사원에게 직원 기숙사를 제공한다. 이런 월급 외 항목들을 다 포함해 계산하면 일본 대기업 연봉이 한국의 연봉보다 많이 뒤처지는 것은 아니다.

경력사원 연봉

그렇다면, 경력사원 연봉은 어떨까? 경력사원의 경우, 회사나 업계, 지원자의 경력에 따라서 연봉이 천차만별이어서 한 마디로 정리하기 더 어렵다. 여기서는 일본의 후생노동성이 발표한 일본 대학 졸업자의 연령별 급여 자료(월급 + 상여금)로 살펴보겠다. 2016년을 기준으로 근로자의 연령별 구분 급여를 보면, 20~24세 구간은 305만 엔, 25~29세 구간은 415만 엔으로, 20~24세에서 25~29세 구간으로 올라가면 35퍼센트의 상승률을 보인다. 25~29세 구간(415만 엔)에서 30~34세 구간(527만엔)으로 올라갈 때는 27퍼센트, 30~34세에서 34~39세 구간(648만 엔)으로 올라갈 때 22.9퍼센트가 상승한다. 즉, 일본은 신입사원의 연봉이 많지 않지만 경력이 쌓이면서 연봉이 오르기 시작하는 구조로, 경력 5년 이상의 구직자인 경우 한국보다 높은 연봉을 기대할 수 있다.

앞서 언급한 것처럼, 경력 5년 미만의 구직자와 신입사원은 연봉만 따진다면 일본 취업에 큰 매력을 느끼지 못할 수 있다. 하지만 연봉이 목적이 아니라, 커리어 계발, 일본을 넘어서 다른 나라로의 진출, 글로벌 기업에서의 근무 경험, 한국보다 더 큰 시장에서 일하는 것 등 한국에서 얻을 수 없는 다양한 경험을 하고자 하는 사람들에게 일본은 매력적인 시장이다. 또 다른 장점은 일본에서는 중소기업에서 시작한 신입직원들도 경력을 쌓아 얼마든지 유수의 대기업으로 이직할 수 있다는 것이다. 일본에서 신입사원 취업을 준비하는 사람들은 3~5년만 절약하면서 꿈을 키워나가자. 한국에서 직장생활을 시작한 친구들 못지 않는 연봉을 받을 뿐만 아니라 멋진 커리어를 쌓을 수 있다.

02

일본에서 글로벌 커리어를 시작해야 하는 이유

사람마다 경험과 가치관에 따라 일하고 싶은 나라가 다를 것이다. 수많은 나라 중에서 왜 일본에서 취업을 해야 할까? 영어권 국가도 동남아 국가도 일본보다 장점이 더 많을 수 있는데 왜 일본을 고려해야 할까? 이 장에서는 '해외 취업의 가능성'을 기준으로, 일본 취업이 다른 나라에서 취업할 때보다 유리한 이유를 살펴본다. 그리고 언어 공부를 포함한 해외 취업의 준비 과정과, 취업 후 커리어 계발, 비자 문제를 하나씩 이야기하겠다.

언어와 문화 습득이 빠르다

최근 많은 젊은이들이 해외 취업으로 눈길을 돌리고 있는데, 나는 이 현상이 아주 바람직하다고 생각한다. 젊은 시절 모국이 아닌 다른 나라에서 도전하면서 자신의 세상을 넓히는 것은 인생에서 귀중한 경험이 된다. 좋아하는 나라나 구사 가능한 언어에 따라 관심 국가가 다르겠지만, 나는 일본어 실력에 상관없이 일본이라는 나라를 해외 취업의 1순위로 고려할 것을 권한다.

이렇게 말하는 이유에는 일본에서 일한 4년의 경험과, 미국 제약회사에서 현지 인턴으로 일했던 경험이 있기 때문이다. 아주 다른 두 나라이지만, 서양에서 경제력이 가장 큰 미국과 동양에서 경제력이 가장 큰 일본에서 살아본 경험을 통해 나름대로 두 나라의 장단점을 비교할 수 있게 되었다(중국이 GDP 총액상 일본을 제치기는 하지만 1인당 GDP로는 아직까지 일본이 아시아 국가 중에서 경제력이 가장 높다).

일본어는 한국인에게 가장 쉬운 외국어다

일본 취업을 권하는 이유는 무엇보다 언어에 있다. 일본어는 한국인이 배우기 가장 쉬운 외국어다. 우리는 초등학교, 심지어 유치원 때부터 영어를 접하고 배우지만 주변에서 영어를 잘 하는 사람을 찾아보기 힘들다. 영어가 언어의 구성 및 발음 면에서 한국어와 아주 다르기 때문이다. 반면, 일본어는 영어보다 단기간에 습득할 수 있다.

첫째로, 문장의 어순이 같다. 일본어 어순은 한국어와 동일하다. 한국어에 해당하는 일본어 단어를 알면, 한국어 단어 대신 그 단어로 바꿔 말하면 된다. 영어의 기본 어순은 〈주어+동사+목적어〉로 한국어와 다르기 때문에, 영어를 익히는 초기에 어순을 생각하느라 머릿속이 뒤죽박죽이 되는 경험을 누구나 해봤을 것이다. 하지만 일본어는 생각나는 순서대로 말하면 되기 때문에 말문이 훨씬 쉽게 트인다.

둘째로, 우리나라와 일본 모두 한자문화권으로, 일본어에는 한국어와 유사한 단어가 많다. 예를 들어, '경제'라는 단어를 우리는 '경제'라고 발음하지만, 일본어로는 같은 한자를 사용하면서 '게이자이'라고 발음하는 것이 다를 뿐이다. 이런 점에서 일본어 독해가 쉽다. 한자를 알면 소리 내어 읽지는 못해도 독해가 가능하다. 빠른 독해력 습득이 중요한 이유가 하나 더 있다. JLPT에 빨리 합격할 수 있다는 것이다. 보통 일본 회사에서는 JLPT N1이나 N2 실력의 일본어를 요구하는데, 한자를 잘 아는 한국인이나 중국인이 일본에 와서 공부에 매진한다면 빠르면 1년 후에 JLPT N1을 취득할 수 있다. 일본어 학원에서 만난 많은 서양인들이 나보다 일본어를 더 유창하게 말하는데도 번번히 N1에 낙방하는 이유가 거기에 있다. 그들에게 일본어 독해가 너무 어렵기 때문이다. (JLPT는 N1, N2, N3, N4, N5 5개의 등급으로 나뉘어 시행되는데, JLPT N5가 가장 기초 일본어 수준이다. 대체적으로 N1이 시사·토론 관련 회화가 가능한 수준이라면, N2는 일상적인 회화가 가능한 수준으로 본다.)

마지막으로, 일본어는 발음이 간단하다. 이 책을 읽는 청년들 중 외국에서 태어나고 자란 사람이 아니라면 다들 영어 발음으로 고민한 적이 있을 것이다. 우리나라에 없는 발음도 있고, 많은 영어 전문가들이 발음이 중요한 게 아니라고 외치지만, 발음이 좋지 않아서 영어로 말할 때 위축된 경험을 해봤을 것이다. 하지만 일본어는 발음이 간단해서 (일본어 모음에는 아, 이, 우, 에, 오의 5개 발음밖에 없다), 일본어를 말할 때 자신감을 갖게 되고, 몇 마디 하지 않아도 서양인보다 발음이 깔끔해서 일본어를 잘한다는 인상도 준다.

이런 이유에서, 어순이나 단어를 생각하고 발음에 신경 써야 하는 영어 말하기와는 달리, 일본어는 어휘량을 늘리면 편하게 말할 수 있게 된다. 나는 결코 외국어에 재능이 있는 편이 아니다. 미국 유학을 준비하면서 하루에 몇 시간씩 영어뉴스를 보고, 영자 신문을 읽고 준비했지만, 막상 미국에 도착하니 생각처럼 말문이 열리지 않아서 처음에 고생했다. 하지만 일본어는 회사를 다니면서 저녁에 짬을 내어 2~3시간 공부하며 JLPT 시험을 준비했는데,

일본에 온 지 2년 반 만에 JLPT N1을 취득했다. 독해 영역에서 점수를 많이 받아서 가능한 일이었다. 일본어 말하기 실력도 영어에 비해 빨리 늘었다.

문화가 비슷하고 거리가 가깝다

언어가 유사하다는 것은 문화와도 연결된다. 언어는 사회의 커뮤니케이션 도구로 그 사회의 문화를 반영한다. 한국어와 일본어의 유사성은 문화에까지 적용된다. 그 대표적인 예가 일본어와 한국어에 존재하는 존칭어다. 존칭어는 서양 친구들이 꽤 애를 먹는 부분이지만, 존칭어가 존재하는 문화권에서 자란 한국인들은 자연스럽게 받아들인다. 우리나라와 일본 모두 개인보다는 집단을 우선시하는 문화인데다 윗사람을 공경하는 문화라는 것 등 비슷한 부분이 많다.

마지막으로 덧붙이면, 지리적 접근성 때문에 일본 취업 준비가 다른 나라에 비해 쉽다. 예를 들어, 미국의 경우 현실적으로 국내에서 취업 준비를 진행하기 무척 힘들다. 미국은 네트워킹이 아주 중요한 나라여서, 인턴십을 하거나 세미나 등 여러 행사에 참석하면서 많은 사람들을 만나서 자신을 홍보해야 한다. 서류가 통과되어서 면접을 보는 경우에도 (최근에는 인터넷 화상면접이 늘고는 있지만) 비행기로 10시간 넘게 걸리는 곳으로 면접을 보러 가기에는 비용과 시간이 만만치 않게 든다. 반면, 일본 취업은 한국에 살면서 충분히 준비할 수 있다. 때에 따라 채용박람회에 참가하거나 면접에 참석해야 하지만, 비행기로 2시간 정도의 거리로 심리적인 부담이 적다. 주말을 이용해 면접을 보러 갈 수도 있다.

즉, 일본은 언어 및 문화의 유사성, 지리적 접근성으로 인해 미국 등 서양 국가들보다 취업 진입장벽이 낮다. 해외 취업을 하고 싶은데 아직 아무 준비가 안 된 청년들부터, 지금 경력을 쌓는 중이지만 자신의 커리어를 해외로 넓히고 싶은 청년들 모두 지금 당장 일본어 공부를 시작하는 건 어떨까?

일본 회사는 인재형 한국인 직원을 선호한다

한국인 직원을 높이 평가한다

어느 날 일본 3대 통신사 중 한 곳에 근무하는 카자흐스탄 출신의 친구가 전화를 했다. 그 친구는 인사부에서 신입사원 채용을 담당한다.

"희선, 우리 회사가 올해 한국에 가서 직접 학생들을 대상으로 채용 모집을 하고 싶은데, 대학을 직접 방문하는 게 가능할까? 회사에서 작년에 박람회에서 채용한 한국 학생들에 대해 아주 만족해하고 있어. 그래서 이번에는 한국 학생들 채용을 좀 늘리려고 해."

일본 회사들은 한국인 채용에 대해 아주 긍정적으로 보고 있다. KOTRA(대한무역투자진흥공사)에서 주최하는 글로벌 취업박람회에 참가한 일본 기업의 수는 2013년 21개 사였지만, 2016년 84개

사, 2017년에 100개를 넘어, 4년만에 그 수가 5배를 넘었다. 2017년 개최된 글로벌 취업박람회에 참여한 외국 기업 수는 약 200개였는데, 이 중의 약 50퍼센트가 일본 회사들이었다. 나는 박람회에 참여한 일본 기업의 인사부 사람들과 이야기를 나눌 기회가 있었다.

"한국 사람을 작년에 3명 채용했는데, 회사의 만족도가 높습니다. 그래서 올해에는 작년보다 몇 명 더 뽑고 싶어서 직접 왔어요. 한국 사람들은 소속 팀뿐만 아니라 다른 팀과도 잘 융화되어서, 모두 일하기 편하고 좋아합니다."

"한국 사람들은 똑똑하고 적극적이에요. 영어도 잘하고요. 현재 회사에서 해외 사업을 적극 확장 중이어서 한국 사람들을 더 활용하고 싶어서 박람회에 참여하게 되었습니다. 한국 사람들은 일본어도 정말 잘합니다."

"일본 기업은 스펙보다 잠재력을 중시하기 때문에 한국 학생들의 적극성과 언어능력을 아주 높이 평가하고 있습니다."

일본에 취업한 한국인 수도 2008년 20,661명에서 2016년 48,121명으로 8년 사이에 2배 증가했다. 일본 회사가 한국인 직원을 선호하는 것은 문화가 비슷해 적응하기 쉽다는 점과도 관련있다. 또한 한국인들이 다른 나라 사람들에 비해 적응을 잘 하고 성과도 내기 때문에 좋아한다. 한국인들이 영어와 일본어를 잘하는 것 외에도 해외 근무에 대한 거부감이 없다는 점도 한국인 직원을 좋아하는 요인 중 하나다. 사람에 따라 차이가 있지만, 일본인들은 한국인들에 비해 해외 근무를 꺼리는 경향이 있다. 남편 친구들의 부인들 중에서도 해외 주재원 발령이 나면 울며 겨자 먹기로 마지못해 가는 사람들이 있다. 일본이 깨끗하고 살기 편해서 해외 생활이 불편하다고 생각한다. 이에 반해 한국인들은 기회만 되면 해외에서 근무하고 싶어 하기 때문에 해외 진출을 적극적으로 도모하는 일본 회사들이 한국인들을 반기고 있다.

57.8퍼센트의 한국인이 일본 직장생활에 만족해한다

일본 회사가 한국인 직원을 좋아하는 것은 일방향만은 아닌 것 같다. 내가 만나본 바로는, 일본에서의 직장생활에 만족해하고 있고, 일본에 계속 남고 싶어 하는 한국인들이 꽤 많다. 지인들 중에는 처음에는 한국 회사에서 일본 주재원으로 파견되어 왔는데, 일본에 남고 싶어서 일본 회사로 이직한 사람도 있다.

한국무역협회의 도쿄 지부의 설문조사에 의하면, 일본에 취직한 한국인의 57.8퍼센트가 일본에서의 직장생활에 '만족'하거나 '매우 만족'하고 있다. 84.5퍼센트는 지인이나 친구에게 일본 취업을 '추천'하거나 '적극 추천'한다고 응답했다. 일본에 취업한 이유로는 '글로벌 기업으로 진출 및 미래 비전'이 24.8퍼센트, 좋은 근무환경이 19.6퍼센트, 좋은 생활환경이 16.5퍼센트로 조사되었다. 물론 57.8퍼센트가 생각보다 낮은 수치라고 여기는 사람들도 있을 것이다. 하지만 잡코리아가 2017년 조사한 직장인 근무회사 만족도에서 우리나라 직장인 중 자신의 직장에 만족한다고 답한

일본에 취업한 한국 청년에게 물어보니(단위 : %, 143명 대상 설문)

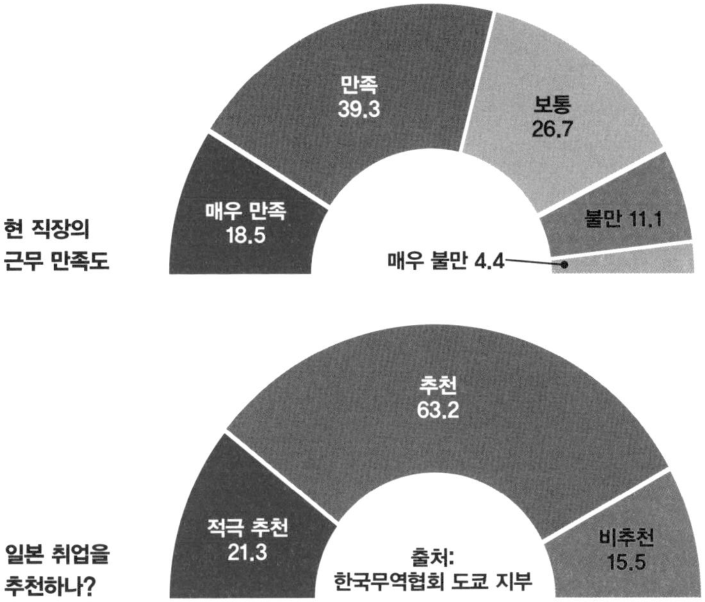

직장인의 비율은 28.7퍼센트로, 일본에서의 직장생활에 만족한다는 한국인 비율(57.8퍼센트)의 절반 정도밖에 안 된다. 또한 약 84.5퍼센트의 한국인이 친구에게 일본 취업을 추천한다고 응답한 것을 보면, 직장생활의 만족도가 꽤 높다고 할 수 있다.

'첫 인상의 법칙'이라고 들어보았을 것이다. 처음 만난 5초 동안의 첫 인상이 그 사람에 대한 인상을 좌지우지한다는 법칙이다. 미국에서 인턴십 면접을 준비할 때 학교에서 끊임없이 강조했던 점 중 하나가 취업 면접에서 면접관에게 어떻게 좋은 인상을 심어줄 수 있는지였다. 예를 들어, 악수는 어떻게 하고, 시선 처리는 어떻게 하며, 목소리 톤은 어떻게 조절하는지 등 좋은 첫인상을 주기 위해 세세한 부분까지 신경을 쓴다. 그만큼 첫인상이 면접의 당락을 결정한다고 해도 과언이 아니다. 이런 면에서 한국인들은 일본 취업에서 유리한 위치에 있다. 일본 기업에서 이미 한국인들에게 좋은 인상을 갖고 있기 때문이다.

나는 개인적으로 한국인들이 일본에 와서 더 많이 활약하기를 바란다. 많은 한국인들이 일본 기업에서 성과를 내고 비즈니스에서 영향력을 발휘하고 한국인의 위상을 높이길 바란다. 해외에서 생활하다 보면 현지인들이 특정 국가에 갖고 있는 이미지가 얼마나 중요한지 깨닫게 된다. 일본 기업들 사이에서 '한국인은 뽑으면 후회 안 해' '역시 한국인은 괜찮아'라는 이미지가 더 퍼지면 일본 땅에 사는 우리 한국인들의 전반적인 이미지도 격상될 것이다. 우리를 좋아하는 일본 회사들, 우리를 뽑고 싶어 하는 일본 회사들이 점점 많아지고 있다. 일본에 있는 모든 회사들이 너도나도 한국인 모시기에 열을 올리는 날이 오길 소망한다.

토익 990점이 아니어도 괜찮다

일본인 직장 동료와 한국 대학생들의 취업에 관해 이야기를 나눈 적이 있다.

나 : 한국은 취업 경쟁이 너무 치열해. 한국의 대학생들은 입학하자마자 '취업 스펙'을 쌓기 위해 또 다시 전쟁을 치러야 해. 자격증 취득, 해외 어학연수, 공모전 수상, 인턴십에 토익 만점을 받기 위해 대학 4년을 바치고 있어.

동료: 뭐? 토익 만점? 토익을 만점 받는다고? 그런 사람이 있어?

나: 한국에는 토익 만점을 받는 대학생들이 수두룩해. 토익 900점이 넘어도 만점을 받기 위해 매달 시험을 보고 토익 학원에 다녀. 한국에서 취업하려면 영어가 매우

중요하거든.

동료: 왜 토익 만점을 받아야만 하는 거지? 왜 그렇게 에너지와 시간을 낭비하는 거야? 그 시간에 다른 분야에 시간을 쏟는 것이 더 현명하지 않아? 예를 들면 다른 외국어를 공부한다든가, 여행을 다니면서 견문을 넓힌다든가, 책을 더 읽는다든가…….

나: 응, 나도 그렇게 생각해. 그런데 대기업에 입사하는 사람들 중에는 토익 만점자도 많고, 어느 하나라도 뒤쳐지기 싫은 마음에 그렇게 매진하는 것 같아.

동료: 한국 대학생들은 힘들구나……. 일본에서는 토익 700점만 넘어도 영어 잘한다고 생각하는데…….

신입은 화려한 스펙 없이도 입사가 가능하다

일본인 동료의 말처럼, 일본 대학생은 기업에 채용되기 위해 한국 학생들처럼 넘치는 스펙이 필요하지 않다. 한국 회사들은 신입사원을 채용할 때도 역량이 뛰어난 사람이나 또래에 비해 많은 경험을 한 사람을 선호한다. 반면, 일본 회사들은 지원자의 잠재된 역량을 보고 선발한다. 일본 회사들은 대학생들이 학교에서는 학생으로서의 공부와 경험에 충실하고, 입사 이후 교육을 통해 성장하고 기여한다고 생각한다. 신입사원 채용 시 가장 중요시하는 점은 자격증이나 토익 점수가 아니라, 지원자가 어떤 가치관과 인생관을 가진 사람인지, 지원자가 우리 회사와 잘 맞는지, 지원자의 장단점은 무엇인지, 지원자가 학창 시절에 얻은 것은 무엇인지 등에 관한 것이다. 따라서, 일본 대학생들은 대학 4년간 특별히 취업을 위한 스펙을 쌓지 않고 대학생으로서 할 수 있는 공부를 하고 자신이 경험하고 싶은 것들을 충분히 누린 후에, 자신과 잘 맞는 기업에 입사하여 거기서 교육을 받으며 사회인으로 거듭나게 된다.

일본의 취업 사이트에서 실시한 조사에 따르면, 일본 기업들은 신입사원 채용 시 지원동기(91.7퍼센트)를 가장 중요하게 여기며, 기업 문화에 지원자가 잘 맞는지(76.3퍼센트), 유연한 사고방식을 가지고 있는지(61.3퍼센트)를 중점적으로 점검한다. 자격증 유무(5.8퍼센트)나 전문지식(0.4퍼센트)에 대해서는 중요하게 생각하지 않는다. 또한 외국인 학생 채용에서는 일본어 능력과 커뮤니케이션 능력(86.7퍼센트)을 가장 중요시하며, 전공지식과 자격증을 본다는 기업은 없었다.

일본 회사의 채용 방식이 전적으로 옳다고 말하는 것은 아니다. 하지만 한국 대학생들이 점점 더 경쟁적으로 스펙쌓기에 열중하면서 꼭 필요하지 않은 곳에도 시간과 에너지를 쓰고 있다는 생각이 든다. 일본인 친구의 말처럼, 토익 990점을 얻기 위해 왜 우리는 끊임없이 토익 시험을 치고 학원에 다녀야 하는가? 내가 준비하는 자격증이 정말 가고 싶은 회사의 업무에 도움이 되는가?

나는 대학생들에게 과도한 스펙을 쌓기 위해 사용하는 시간과 자원 중 일부를 일본어 공부에 할애하라고 권하고 싶다. 토익 만점을 받기 위해 애쓰지 말고 토익 800점, 아니 700점에 만족하고, 여분의 에너지를 일본어 공부에 쓰는 건 어떨까? 토익 990점의 학생과, 토익 800점과 JLPT N1을 취득한 학생, 이 두 사람 중 누구에게 더 기회가 많을까? 단언컨대, 후자의 학생이 이력서와 면접을 잘 준비한다면 일본 회사들의 러브콜을 받을 수 있다.

일본이라는 블루 오션을 노려라

경영전략 중 '블루 오션 전략'이 있다. 블루 오션Blue Ocean이란, 경쟁자가 우글거리는 레드 오션Red Ocean과 상반되는 개념으로, 경쟁자가 없는 시장을 의미한다. 블루 오션 전략이란 기존의 치열한 경쟁시장인 레드 오션에서 시장점유율을 확보하기 위해 애쓰는 것이 아니라, 매력적인 제품과 서비스를 통해 자신만의 독특한 시장, 즉 싸우지 않고 이길 수 있는 시장을 만드는 전략을 말한다.

나는 한국인에게 일본 취업이 바로 블루 오션 시장이라고 생각한다. 모든 대학생이 한 곳, 즉 한국의 대기업에 입사하기 위해 막상 회사에서 쓰일지 안 쓰일지도 모를 스펙을 쌓기 위해 끊임없이 노력하며 레드 오션에서 허우적거리고 있다. 우리가 조금만 시야를 넓혀서 일본을 바라본다면, 일본이 블루 오션이 될 수 있다.

한국의 대학생들이 인생에서 가장 아름다운 나이에 학교 도서관에 틀어박혀서 4년을 보낸다는 것이 너무 안타깝게 느껴진다. 대학 시절은 많은 사람들을 만나고 많은 곳을 다니고 많은 책을 읽으며 인생에 대한 꿈을 꾸고 자신의 가치관을 정립해야 하는 시기다. 나는 한국의 대학생들이 정말 대학생다운 대학 생활을 보내길 바란다. 자기가 하고 싶은 일에 도전해보고, 가보고 싶은 곳에 여행도 가고, 다양한 분야의 사람들도 만나보고, 필요한 만큼의 취업 준비만 하길 바란다. 여러 경험을 통해 자신감을 갖고 자신의 가치관을 세운 대한민국의 젊은이들이 일본어 실력을 갖춘다면, 이런 젊은이들을 반길 일본 회사가 정말 많다고 자신한다.

나의 무대는 세계다

나는 내가 원해서 스스로 일본에 온 것은 아니다. 일본에 대한 인상은 두 번의 여행을 통해 '깨끗하고 친절한 나라, 맛있는 것이 많은 나라'가 전부였다. 일본인과 결혼했지만, 신혼 초기에 남편이 해외 주재원으로 일하고 있어서 일본에서의 삶을 준비하지 않았다. 남편이 본사로 귀환하면서 나도 갑작스럽게 일본에 오게 되었다. 그와 동시에 나의 좌충우돌 일본생활이 시작되었다.

일본어를 전혀 못하는 상태로 와서 가장 큰 걱정은 아무래도 나의 커리어였다. '과연 일을 계속 할 수 있을까?' '일본어 배우느라 1~2년 지내다 보면 나중에 아무도 나를 뽑지 않는 것은 아닐까?' '내가 일본 사람들과 일할 수 있을까?' 등등 온갖 걱정이 앞섰다. 하지만 찾으면 보이고 두드리면 길이 열린다고 했듯이, 일본에 온 지 3개월만에 글로벌 마케팅 일을 맡았다. 사내 공용어가 영어인 회사였다. 그렇게 시작한 일본 직장생활은 내내 장미빛은 아니었다. 새로운 사회와 사람, 회사에 적응하는 과정에서 힘들고 외로운 때도 있었지만 이제는 일본에 어느 정도 정착했다는 생각이 든다. 친구들이 "일본에서 사니까 좋아? 한국에 오고 싶지 않아?"라고 물을 때마다 "응, 살기 좋아. 한국보다 근무환경도 좋고 경력상으로도 좋아"라고 대답한다. 그리고 "일본에서 일하면 어떤 점이 좋아?"라는 질문을 많이 받았다. 여기서는 이미 경력을 쌓고 있는 사람들에게 일본 취업이 어떤 의미일 수 있을지 정보를 나누고자 한다.

경력직은 글로벌 커리어가 가능하다

"한국에서 계속 일했다면, 지금과 같은 글로벌 환경에서 일할 수 있었을까?"

여자 후배 두 명이 있다. 두 명 모두 한국의 명문대학교를 비슷한 시기에 졸업하고 마케팅 분야에서 경력을 쌓다가, 한 명은 현재 한국의 소비재 회사에서, 다른 한 명은 일본의 소비재 회사에서 근무하고 있다. 일본에 근무하는 후배는 회사가 동남아 시장으로 활발하게 진출하면서 해외 마케팅 업무를 담당하게 되었고, 업무 범위가 일본을 넘어 해외 시장으로 확장되었다. 일본은 인구가 감소해 내수 시장이 정체됨에 따라 해외 시장에 더 많이 진출하고 있다. 예전에는 자동차, 전자제품 등 일본을 대표하는 제조업에서 제품을 제조 수출하는 방식이 해외 진출의 주요 방법이었지만, 이제는 일본 회사들이 현지에 법인을 설립하여 직접 수익을 올리는 직접투자의 비중이 커지고 있다. 제조업 외에 서비스업, 유통업, 외식업, 소비재 등의 산업도 해외 시장에서 미래 성장동력을 찾고 있고, 성장률이 높은 중국이나 동남아로의 진출도 활발하다. 이런 회사들이 많아지면서 직원들도 해외 업무를 맡거나 다른 국가에서 일하는 경험을 쌓는 사례들이 늘고 있다.

미국만이 글로벌 무대가 아니다

일본에서 알게 된 남자 후배가 있다. 학벌도 좋고 영어도 유창하게 하는 사람으로, 미국 취업을 준비해왔다. 하지만 안타깝게도 미국 취업의 길은 잘 풀리지 않았고, 우연한 기회에 일본 IT회사에 입사하게 되었다. 그 일본 회사는 해외 시장 개척에 적극적인 회사로 해외 벤처회사들의 M&A도 활발히 진행하고 있어서, 영어를 유창하게 하고 해외 시장을 잘 이해하는 사람이 필요했던 것이다. 후배는 처음에는 영어권 국가에 취업하지 못한 것을 아쉬워했지만, 2년이 지난 지금 아주 만족하며 지내고 있다. "누나, 일이 너무 재미있어요. 일본, 미국, 유럽 등 세계 전역을 아우르며 많은 사람들을 만나고 비즈니스를 하면서 배울 점도 많아요. 꼭 미국에 가야 큰 시장에서 놀 수 있다고 생각한 건 착각이었어요. 오히려 여기서 동양과 서양을 모두 이해하는 균형 잡힌 시각을 키울 수 있을 것 같아요."라고 후배가 말했다.

일본에서 일하는 것 자체가 이미 국내 커리어가 아닌 '해외 커리어'에 발을 들인 것이지만, 내가 일본에서 경험한 업무도 일본을 넘어서는 세계적인 규모의 성격이 많았다. 동남아 시장을 조사하기 위해 태국과 말레이시아로 출장을 빈번히 갔고, 일본 제약회사의 제품을 미국 시장에 출시하기 위해 미국 지사의 팀과 공동작업을 하고, 프로젝트 결과를 발표하기 위해 비행기를 타고 보스턴에 가기도 했다. 현재 직장에서 나는 해외팀 소속으로 나의 상사는 상하이 지사에서 근무해서, 상사와 회의를 하기 위해 상하이로 출장을 가곤 한다. 이번 여름에는 아시아팀 전체 상반기 결산 워크숍이 스리랑카에서 열릴 예정이다. 내가 한국에서 일했다면, 과연 지금처럼 다양한 경험을 하고 여러 나라 사람들을 만나서 일할 수 있었을까? 20대 때 나의 꿈은 '전세계를 무대로 일하는 것, 해외 출장을 많이 다니며 일하는 것'이었다. 돌이켜보니 나의 꿈은 어느새 일상이 되어 있었다. 전혀 생각지도 않았던 일본이라는 땅에서.

비록 자의로 시작한 일본 생활은 아니었지만, 나는 지금 어느 누구보다 이곳에서의 직장생활에 만족하며 후배들에게 일본으로 올 것을 적극 추천하고 있다. "당신은 운이 좋았던 거야, 정말 잘 풀린 경우 중 하나야"라고 생각하는 사람도 있을지 모르겠다. 하지만 해외 취업을 결심한 사람이라면, 부정적인 의견이나 사례보다는 긍정적인 사례를 보고 동기 부여를 받길 바란다. 세상에는 자신은 해보지도 않았고 가보지도 않았으면서 남들에게 "그거 해봤자 안 돼"라고 말하는 사람이 너무 많다. 나는 독자에게 희망을 주기 위해 이 책을 쓰는 것이지, 부정적인 의견을 덧붙이기 위해 이 책을 쓰는 게 아니다. 일본에서 만난 많은 경력직 구직자 중에 '잘 풀린 사례'가 많았기에 감히 경력사원에게도 일본 취업을 추천하고 있다. 세상에 완벽한 곳은 없고 해외 취업은 국내 취업보다 불확실성이 더 높다. 그럴수록 '내가 할 수 없는 것'보다 '내가 할 수 있는 것'에 더욱 더 집중하고, 나쁜 사례보다는 잘된 사례를 보면서 희망을 갖고 꿈꾸는 사람이 또 다른 성공 사례를 만들 것이다.

취업비자와 영주권을 취득하기 쉽다

영어권 국가는 취업비자 요건을 강화하고 있다

미국에서 유학하는 한국인들, 특히 MBA를 취득하기 위해 미국에 간 대다수 한국인들은 미국에 남고 싶어 한다. 많은 사람들이 미국에서 일자리를 구하기 위해 필사적으로 노력한다. 회사에서 개최하는 네트워킹 이벤트에는 모두 참여하고, 인턴 근무가 취업으로 연결되는 경우가 많아서 인턴십을 잡기 위해 할 수 있는 일은 다 한다. 그런 노력이 보상을 받아 드디어 미국 회사의 입사 제안을 받고 회사에서 취업비자도 지원해주겠다고 한다. 그렇게 시작한 미국 직장생활, 일도 재미있고 대우도 좋고 모두 다 만족스럽다. 그런데, 1년이 지날 때쯤에 청천벽력 같은 소식이 날아든다.

"H1 비자(취업비자) 추첨에서 떨어졌습니다. 고국으로 돌아가세요."

미국에서는 이런 억울한 상황이 실제로 자주 벌어진다. 지인 중에도 미국 유수의 MBA를 마치고 유명한 증권회사에서 높은 연봉을 받고 취업한 사람이 있었다. 취업비자도 지원받았다. 그런데 그녀가 취업비자 추첨에서 떨어졌다. 미국은 취업비자를 추첨제로 진행하기 때문에, 운이 나빠 추첨에서 당첨되지 못하면 아무리 회사에서 비자를 지원해줘도 미국에 남아 있을 수 없다. 회사가 취업비자를 지원한다는 것은 직원이 취업비자 추첨에 참가할 수 있도록 지원한다는 것이다. 추첨에서 떨어지는 순간 회사도 직원을 위해 아무것도 해줄 수 없다. 직원은 미국을 떠나지 않으면 안 된다.

비자란 그 나라에서 합법적으로 살 수 있는 권리를 부여하는 것으로, 해외 취업을 하는 사람은 해당 국가의 정부로부터 취업비자를 발급받아야 한다. 이 비자를 발급받지 못하면 아무리 수억 원의 연봉계약을 맺고 입사한다 해도 출근할 수 없게 된다. 비자 발급은 해외 생활의 첫 관문이자 가장 중요한 핵심이다.

해외 취업을 준비하는 사람에게 안 좋은 소식이 있다. 많은 국가에서 취업비자 발급을 줄이거나 발급요건을 까다롭게 하는 추세다. 대표적인 예가 미국으로, 취업비자인 H1 비자의 발급요건을 까다롭게 하고 있는데다 H1 비자의 발급 쿼터를 늘리지 않고 있다. 미국에서 일하고 싶은 사람은 넘치는데 비자 할당량을 늘리지 않고, 미국 정부는 '추첨제'라는 방식을 택해 복불복의 상황을 만들고 있다. 2017년 호주도 자국민의 일자리 보호를 위해 457 비자를 폐지해서, 영어 면제조건이 폐지되는 등 취업이나 이민을 생각하는 사람들에게 불리하게 진행되고 있다.

일본은 취업비자 요건을 완화하고 있다

이러한 세계적인 추세와는 반대로, 일본 정부는 취업비자 및 영주권 발급요건을 완화하고 있다. 일본의 심각한 노동력 부족 현상을 타개하기 위해 해외 인재를 적극적으로 유치하려는 노력의 일환이다. 기본적으로 일본의 취업비자 발급은 까다롭지 않다. 일본 회사에 취업하면 회사가 알아서 취업비자를 정부에 신청한다. 회사 측에서도 채용한 사람에 대한 취업비자를 발급받는 일이 까다롭지 않고 비용 부담도 없기 때문에 일본 회사에 취업한다면 비자를 걱정할 필요가 없다.

기본적으로 취업비자의 문턱이 높지 않았지만, 최근 일본 정부는 외국인들이 일본에 체류하도록 다양한 방안을 내놓고 있다. 예를 들어, 외국인 유학생들의 창업을 지원하는 창업 관련 체류자격의 확대, 기능실습 외국인에게 취업자격을 부여하여 최장 10년 거주 가능 등 다양한 방안들이 연일 쏟아지고 있다. 특히 일본 정부는 2019년 4월부터 새로운 자격을 신설하여 노동력 부족이 심각한 5개 분야(건설, 농업, 간병, 숙박, 조선)를 외국인 노동자들에게 전면 개방하겠다고 발표했다. 일본 정부는 '외국인의 선택을 받는 나라'가 되기 위해 노력 중이다.

1년 거주자도 영주권을 신청할 수 있다

비자뿐만 아니라 외국인의 영주권 취득도 쉬워졌다. 일본에서는 '고도인재 포인트제'라는 제도를 시행하고 있는데, 일본의 경제 활성화와 해외우수인력 유치를 목적으로 2012년부터 시행된 제도다. 일본에서 일하는 외국인의 학력, 경력, 연봉, 연령, 연구실적 등 각 사항에 대해 포인트를 설정하고 합산하여 70점이 넘는 사람은 '고도전문인재'가 된다. 70점이 넘는 고도인재는 일본에 거주한 지 3년 만에, 80점이 넘는 고도인재는 1년 만에 영주권을 신청할 수 있게 되었다. 일반적으로 영주권을 취득하기 위해서는 최소 10년을 거주해야 영주권 신청자격이 주어진다. 그러나 고도인재 제도를 활용하여 10년에서 3년, 심지어 1년 거주자에게도 영주권을 부여하는 정책 변화를 보면, 일본 정부가 얼마나 인재 획득에 목말라 있는지 알 수 있다.

해외에서 생활하는 많은 사람들이 비자 때문에 전전긍긍한 경험이 있을 것이다. 그 탓인지 한국에는 비자 관련 에이전시가 정말 많고, 해외 생활을 시작하고 싶은 사람들도 비자 취득에 관한 컨설팅 서비스에 서슴없이 돈을 지불한다. 그만큼 해외 생활을 시작할 때 비자로 인한 정신적, 물질적 비용이 크다.

외국인에 대한 비자정책은 그 나라의 외국인을 대하는 태도, 외국인 인력에 대한 개방도를 나타낸다. 대표적인 사례가 미국으로, 'America First(미국 우선주의)'를 외치는 도널드 트럼프가 대통령으로 당선된 후 미국에 사는 외국인 노동자들은 자신들의 비자를 걱정하는 처지에 놓이게 되었다. 미국에서 자신의 의지와 노력과는 상관없이 단지 추첨에 떨어져 귀국하는 미국 유학생들을 보면서, 일본 취업을 준비하는 사람들은 일본의 비자정책에 안도하게 된다.

TIP 02

일본어를 못하는 경력직도 취업할 수 있나요?

이 질문에 대한 답은 길은 있다는 것이다. 나 또한 일본에 처음 갔을 때 히라가나도 모르는 까막눈이었다. 장기적으로 보면 일본어 실력을 늘리는 게 자신의 커리어에도 좋다. 하지만 일본어를 전혀 못하는 상태에서 취업한 몇몇 사례를 보면 다음의 패턴이 있다.

첫째, 드물기는 하지만 영어를 공용어로 하는 일본 회사들이 있다. IT회사들이 주로 영어를 공용어로 사용하는데, 대표적인 예가 일본 인터넷 쇼핑몰 1위 업체인 라쿠텐이다. 라쿠텐은 일본을 넘어서 전 세계를 대상으로 영향력을 넓히기 위해 해외 기업들의 인수합병도 많이 진행하고 있고, 사내 공식 커뮤니케이션을 모두 영어로 진행하고 있다. 라쿠텐 외에도 IT회사나 벤처회사 중에 (특히 기술직의 경우) 일본어를 요구하지 않는 기업들이 있다.

둘째, 일본에 있는 외국계 기업, 특히 은행이나 제약회사 등에서 근무하는 사람들은 업무에서 일본어를 사용하지 않는 경우도 있다. 회사 공용어는 일본어이지만, 대부분의 직원이 영어를 잘해서 팀원을 뽑을 때 일본어 능력을 보지 않는 경우도 있다. 내가 일본어 학원에서 만난 인도인들 중 상당수가 외국계 은행에서 근무하는데, 업무에서 일본어를 전혀 쓰지 않는다는 사람이 많았다. 하지만 그들 대부분은 자신만의 특별한 전문 분야가 있다.

마지막으로, 글로벌 기업에서 아시아태평양지역 업무를 담당하거나 아니면 일본 회사에서 해외팀을 담당하는 직무의 사람들은 일본어를 못 해도 영어를 잘 하면 일할 수 있다. 예를 들어, 페이스북에서 일본 시장 업무를 하는 것이 아니라 아시아 시장에 관한 업무를 하는 경우다. 이처럼 영어를 잘하는 사람이라면 일본어 실력이 없는 상태에서 일본 취업을 할 수 있는 길이 있다. 하지만 경력직 구직자에게도 일본어를 공부하라고 권하고 싶다. 현재 일본어를 사용하지 않는다 하더라도 장기적으로 일본에서의 커리어나 그 이후의 커리어를 고려한다면 일본어를 연마하는 것이 선택의 폭을 넓히기 때문이다.

03

일본 직장생활이 진짜 좋은 이유

해외에서 취업한다는 것은 해외에서 살아간다는 것이다. 일과 커리어가 중요하지만, 자신이 살아갈 나라가 어떤 곳인지, 어떤 환경인지도 아주 중요하다. 해외 취업을 고려하는 사람들 중 의외로 많은 사람들이 '그 나라가 살기 좋다고 들었다'라는 이유로 특정 국가에서의 취업을 결정하고 있다. 이 장에서는 일본이라는 나라에서 일하며 사는 것의 장점에 대해 이야기하겠다. 한국보다 기술이나 트렌드 측면에서 10년에서 20년 정도 앞선 산업을 많이 보유한 나라, 세계 최고의 치안과 사회기반시설을 자랑하는 나라, 무엇보다도 한국과 가깝다는 지리적 장점은 일본에서의 삶을 만족스럽게 할 것이다.

한국보다 워라밸이 좋다

한국과 일본은 OECD 국가 중에서 노동시간이 긴 국가들로 유명하다. 2015년 OECD 조사에 의하면, 연간 평균 노동시간은 한국이 2,113시간으로 멕시코에 이어 2위를 차지했고, 일본은 1,719시간으로 17위를 차지했다. 일본이 우리나라에 비해 약 400시간 더 적게 일하고 있지만, 일본도 우리나라처럼 장시간의 근무로 유명한 나라임은 부인할 수 없는 사실이다. 미국이나 유럽과 비교하면 일본의 워크 앤 라이프 밸런스Work and Life Balance가 좋다고 말할 수 없다. 하지만 최근 일본 기업들은 변하고 있다.

일본은 근무 방식을 개혁하고 있다

일본 기업들의 변화 배경은 아베 정부의 '일하는 방식 개혁働き方改革'의 추진이다. 아베 정부는 현재 일본의 장시간 노동 관행을

타파하고 직원들의 생산성을 높인다는 목적으로 근로자들의 근무 방식을 변화하기 위한 다양한 시도를 실행하고 있다. 초과근무 시간 상한 규제, 재택근무와 부업/겸업 등 유연성 있는 근무 방식, 외국인 수용 등 9개의 세부 의제를 설정해서 현재 법제화를 위해 노력 중이다.

이와 더불어, 일본의 회사들도 조금씩 변하고 있다. 일본의 대기업들 중 재택근무나 유연 출퇴근제를 적용하는 기업들이 늘고 있다. 예를 들어, 히타치, 후지츠 등의 회사는 도쿄의 주요 거점에 '새틀라이트 오피스(위성 사무실, 도심 곳곳의 거점에 작은 규모로 설치한 사무실)'를 설치하여 직원들이 출근하지 않더라도 집 근처의 새틀라이트 오피스에서 일할 수 있도록 하고 있다. 이 제도를 통해 출퇴근 시간을 줄일 수 있고, 이동시간 단축으로 일과 육아를 양립할 수 있다. 보육사가 상주해서 아이를 맡길 수 있는 보육원이 설치된 새틀라이트 오피스도 있다.

NTT 도코모, 아지노모토, 시세이도 등은 이미 설립된 쉐어 오피스를 활용하여 직원들의 통근시간을 줄이고 업무 효율화를 높이고 있다. 일본 편의점 업계 1위인 세븐일레븐을 운영하는 세븐&아이 홀딩스는 시차출근제를 적용하고 있는데, 직원들은 오전 8시, 9시, 10시 중 하나를 선택해 출근하면 된다. 출퇴근 시간을 1~2시간 조정하는 유연 출퇴근제는 상당히 많은 일본 회사에서 이미 시행 중이다.

일본에서도 유연한 회사 문화와 근무환경으로 유명한 회사는 현재 내가 근무하는 회사일 것이다. 나는 일본의 벤처회사에서 애널리스트로 일하고 있다. 정해진 출퇴근 시간이 없고, 꼭 사무실에서 일해야 하는 것이 아니라 근무장소도 직원이 선택할 수 있다. 언제 어느 곳에 있든지 정해진 과제를 달성하고, 다른 팀원들에게 피해를 주지 않는다면 자유롭게 일하는 것이 회사의 방침이다. 회의가 없는 날은 주로 재택근무를 한다. 심지어 사무실에 정해진 자리도 없다. 우리 회사에는 남편의 전근으로 인해 오사카나 홋카이도에 살면서 재택근무를 하는 기혼여성들도 있고, 옆 팀의 남자 팀장은 항상 아이 두 명을 보육원에 데려다주고 데려오기 위해 업무 일정을 조정하는 육아에 열심인 가장이다.

모든 일본 기업들이 유연한 분위기는 아니지만, 조금씩 변하고 있다. 일본 하면 '우리나라 못지않은 장시간 노동' '딱딱한 기업문화'를 떠올리는 사람이 많고, 특정 산업에서는 이런 말들이 아직도 유효하다. 하지만 의외로 유연한 근무환경과 방식을 추진하는 일본 회사가 늘어나고 있다는 점은 분명하다.

국가 차원의 복지도 일본이 한국보다 조금 더 나은 것 같다. 예를 들어, 출산 휴가의 경우 일본이 한국보다 약간 길고(산전 8주, 산후 8주), 나라에서 지급하는 출산보조금이나 양육비도 한국보다 많이 받는다. 출산보조금의 경우 42만 엔(약 420만 원)을 지급하고, 산모의 병원 진료에 사용 가능한 병원 쿠폰도 지급하기 때문에 실제로 출산하는데 한 가정이 부담하는 금액이 10만 엔(약 100만 원) 이하다. 아동수당도 전 자녀가 중학교를 졸업할 때까지 매달 지원된다.

개인주의 성향의 문화가 정착되어 있다

워크 앤 라이프 밸런스가 좋은 또 다른 이유가 있다. 바로 일본인들의 개인주의 성향이다. 일본인들은 한국인들에 비해 개인주의 성향이 강한 편이다. 요즘 한국에서도 혼밥, 혼술 문화가 퍼지고 있는데, 일본에서는 일찍부터 그런 문화가 정착되었고, 우리나라처럼 집단으로 행동해야 한다는 의식이 약하다. 기본적으로 일본 회사에서는 회식 횟수가 적다. 개인주의 성향과 더불어, 회식이 적은 이유 중 하나는 회사에서 회식 비용을 지원하지 않기 때문이다. 일본에서 처음으로 회식을 했을 때 놀랐던 점은, 참석자 전원이 다 같이 돈을 내는 것이었다. 회사에서 가끔 회식비 예산을 지원할 때도 있지만, 일본에서 회식은 팀원들끼리 같이 '내 돈으로' 먹는 자리다.

이 글을 보고 일본 사람들이 정이 없거나 차갑다고 생각하는 사람도 있을 것이다. 하지만 공식적인 회식이 아니라 개인적으로 마음에 맞는 친구들끼리 저녁을 먹거나 한잔 하러 가는 경우는 많다. 워크 앤 라이프 밸런스 차원에서 보면, 너무 많은 회식에 스트레스를 받는 우리나라 직장인에게 일본의 회식 문화가 더 좋을 수도 있다. 물론 어느 쪽이 더 좋고 나쁘다고 말하기는 쉽지 않다. 우리나라 회식 문화에서는 나름의 정을 나누고 업무시간에 하지 못한 이야기를 나누면서 끈끈한 유대관계를 쌓을 수 있다는 장점도 있다. 단지 일본의 회식 문화는 우리나라와는 다르다는 것을 알려주고 싶을 뿐이다.

어찌 생각할지 모르겠지만, 나는 팀원 간의 유대감보다는 개인생활이 중요한 사람이다. 나도 한국 대기업의 기획팀에 근무했던 적이 있다. 그 당시 큰 스트레스 중 하나는 아침 8시부터 근무를 시작해 밤 11시까지 야근한 후에 팀 회식을 하는 것이었다. 공식적인 회식은 아니었지만 모든 직원이 참여하는 분위기여서 빠질 수도 없었고, 밤 11시부터 시작된 회식 자리는 새벽 2시에 끝나는 경우가 태반이었다. 하지만 지금은 그런 문화와 정반대인 곳에서 일하고 있다. 출퇴근과 근무장소가 자유롭다 보니, (개인적으로 만나는 것을 제외하고) 회식을 1년에 2~3번 정도 한다. 가끔 '회사에서 사람들과 얽히고 엮이면서 늦게까지 술 한잔 하는 관계가 그립지 않냐?'라고 묻는 친구들이 있다. 나의 대답은 'NO'다. 나는 '유대감'과 '소속의식'보다는 '자유'라는 가치를 더 중요하게 여기기 때문에 지금의 생활에 매우 만족한다.

한국의 미래가 궁금하다면 일본으로 가라

일본의 현재를 벤치마킹하라

"혹시 일본에서 재미있는 사업 아이디어 본 거 없어? 한국에서 해볼 만한 사업 없을까?"
"일본에 ○○산업을 벤치마킹하러 가고 싶은데, 어디를 가면 좋을지 아세요?"

한국에 들어와서 친구들이나 사람들을 만나면 종종 듣는 질문이다. 일본의 산업이나 일본에서 일어나고 있는 일에 관심 있는 한국 기업들이나 사람들이 많다.

나는 한국과 일본의 경영컨설팅 회사에서 일했다. 경영컨설팅 회사가 하는 일은 기본적으로 기업의 문제를 해결하는 것이다. 예를 들어, 소규모 회사를 인수합병하고 싶은데 그 회사의 가치가 얼마나 될지, 회사의 비용을 줄이고 싶은데 어떤 비용을 삭감해야 할지 등의 문제에 해결책을 제시한다. 또 다른 프로젝트는, 의뢰한 회사에서 새로운 시장을 개척하고 싶은데 어느 나라에 먼저 진출해야 할지, 새로운 제품을 출시하고 싶은데 어떤 타겟을 고객층으로 하며 제품을 어떻게 포지셔닝positioning할지에 대한 방안을 찾는 것이다. 이러한 신시장 개척, 신상품 개발을 할 때 컨설턴트들이 자주 하는 것이 바로 '벤치마킹'이다.

벤치마킹은 기업이 우수한 타기업의 제품이나 기술, 경영 방식을 배워서 응용하는 것을 말하는데, 우수한 타기업을 우리나라에서 찾기도 하지만 많은 경우 경쟁력 있는 해외 기업을 보고 배우는 경우가 많다. 이때 한국에서 가장 많이 벤치마킹을 하는 나라가 바로 일본과 미국이다. 특히 일본 회사들을 많이 벤치마킹하는데, 일본이 미국에 비해 문화, 인구수, 국토 면적 등 여러 면에서 한국과 닮아 있기 때문이다.

일본에서 한국의 미래를 구상하라

많은 사람들이 일본이 우리나라보다 10~20년 앞서간다고 한다. 이 10~20년이라는 숫자는 산업에 따라 다르다. 패션이나 화장품 같은 산업의 경우 이제 우리나라나 일본이나 별 차이가 없지만, 식품 가공기술 등에서는 50년 뒤처져 있다고 한다. 일본의 강점인 부품과 소재 분야는 우리나라보다 일본이 훨씬 앞선 기술을 보유하고 있다. 그래서 일본에서 개최되는 식품박람회, 노인용품 박람회, 도서전 등 각종 박람회에 매년 참가하는 한국 기업들이 많다.

한국이 일본의 트렌드를 그대로 따라가는 대표적인 분야 중 하나는 '1인 가구', '1인 라이프스타일'에 따른 다양한 상품과 서비스 발전이다. 한국도 이제 1인 가구가 대세가 되면서 1인용 가전제품이나 1인용 음식 등 여러 분야에서 1인 가구를 타겟으로 한 상품들이 쏟아지고 있다(2016년 기준으로 한국의 1인 가구 비율은 27.2퍼센트이다). 1인 가구 제품이나 서비스는 일본에서 약 20년 전부터 등장하기 시작했다.

인구구조, 산업구조, 고령화 속도 등 많은 영역에서 한국은 일본과 상당히 비슷한 흐름을 보이고 있다. 그런 점에서 일본에서 앞선 트렌드를 배우는 것뿐만 아니라, 고령화와 저출산 문제를 어떻게 해결하고 있는지, 장기불황을 타개하기 위해 일본 기업들이 어떤 전략을 사용했는지를 보면서 한국 정부와 기업에서 해결의 실마리를 구할 수 있다. 실제로 중국을 비롯한 아시아의 많은 국가들에서 고령화가 예상보다 빨리 진행되면서, 일본의 '시니어 비즈니스', 즉, 고령자 대상의 비즈니스 아이디어를 얻으려는 민간 기업들과 고령자 대상 복지제도를 배우려는 정부관료들이 일본을 많이 방문하고 있다.

일본에 사는 삶 자체가 배움의 기회다

우리나라 대중들도 일본에 대한 관심이 높다. 가끔 한국에서 어떤 책들이 시중에 나와 있는지 살펴보곤 하는데, 서점에 갈 때마다 일본 최신 흐름에 관한 책이 많아서 깜짝 놀라곤 한다. 일본 여행서가 아니라 일본에서 비즈니스 인사이트를 얻기 위한 책, 불황에서 살아남은 일본 기업에 관한 책, 일본의 특정 서점이나 시골 반찬가게의 성공비결 등 일본에서 사업 아이디어를 얻거나 성공비결을 배우기 위한 책들이 많이 출판되고 있다. 그중에서, 《퇴사준비생의 도쿄》에서는 도쿄를 이렇게 소개한다.

> "퇴사를 준비하는 여행의 첫 목적지는 도쿄입니다. 도쿄에는 트렌드뿐만 아니라 업의 본질에 대한 고민, 기존 비즈니스 모델에 대한 재해석, 깊이를 만드는 장인정신 등을 찾아볼 수 있습니다. 서울과 시차가 없지만 전통과 미래를 넘나들며 시간의 차이를 발견할 수 있기에 퇴사준비생이 사업적 아이디어와 인사이트를 압축적으로 얻을 수 있는 최적의 장소입니다." — 이동진 저, 《퇴사준비생의 도쿄》에서 인용(더퀘스트 간행)

이런 면에서 일본에서 살면서 일하는 삶 자체가 벤치마킹이 되고 사업의 배움이 될 수 있다. 배우는 것은 보는 것에서 시작된다. 보지 않으면 알 수 없고, 알 수 없으면 배울 수 없다. 새로운 곳에 가서 배우고 견문을 넓히는 이유가 바로 거기에 있다. 나중에 사업을 하고 싶은 사람이라면 일본에서 많은 아이디어를 얻을 수 있을 것이고, 직장에 계속 다니고 싶은 사람에게도 최신 트렌드를 배우고 차별화된 콘셉트와 사업운영 방법을 배우면서 조직에서 리더로 성장하는 데 도움을 받을 수 있다.

한국의 친구들과 만나서 이야기할 때 친구들이 내게는 별로 놀라울 것 없는 일본의 사례를 아주 흥미롭게 받아들이는 경우가 많았다. 그때마다 나의 일본 생활, 특히 도쿄에서의 생활이 배움이 되고 나를 차별화시킬 요소가 되겠다는 생각을 한다. 항상 안테나를 세우고 주변에서 일어나는 일을 의식적으로 관찰하는 습관이 없다면 도쿄에 살든 서울에 살든 별 차이가 없을 것이다. 하지만 조금만 눈을 크게 뜨고 관찰하면 일본에서 재미있는 사업 아이디어와 상품, 서비스를 많이 보게 된다.

일본은 인구가 1억 2천 명이 넘기 때문에, 우리나라보다 고객을 더 세분화해서 분류하고, 각 세그멘테이션(세분화된 개별 시장)의 고객들에게 팔릴 만한 상품과 서비스를 개발하고 있다. 여기에 일본인 특유의 '장인정신'과 '디테일에 집중하는 성향'이 서비스와 상품의 질을 높이고 있다. 예를 들어, 2017년 4월에 긴자에 새로 오픈한 '긴자 식스'는 일본에서도 '미래형 쇼핑공간'이라는 콘셉트로 만든 복합쇼핑몰로, 재미있는 곳이 많다. 책과 함께 예술작품을 전시해 문화공간을 창출한 츠타야 서점, 지하식품 코너의 식초, 귤 같은 특정 식품을 테마로 다양한 상품을 파는 가게 등 한국에

간자식스 내부 모습

츠타야 서점은 라이프스타일을 제안하는 서점으로 유명하다. 긴자식스점의 테마는 '예술'로, 주로 예술 서적을 배치하고 전시회도 진행한다.

서 볼 수 없는 유형의 상품을 볼 수 있다.

일본에서 살게 된다면, 눈을 크게 뜨고 어떤 재미있는 상품과 서비스를 배울 수 있을지, 10년 후 한국에서 어떤 제품들이 등장할지 상상해보자. 이런 상상 자체가 일본에서 얻을 수 있는 배움과 경험이 된다.

향수병이 고민된다면 일본에서 취업하라

해외에서 사는 사람들에게 한 번씩 찾아오는 향수병. 단기 어학연수로 1년을 해외에서 지내든, 박사학위 취득을 위해 7년 이상 해외에 머물든, 가족 모두 이민 가서 20년 이상 해외에서 사는 사람들에게도 감기처럼 잊을 만하면 들이닥치는 게 바로 향수병이다. 일본에 취업한 한국 사람들을 대상으로 한 최근 설문조사에서, 일본에 살면서 느끼는 어려운 점을 묻는 질문에 '외로움'이라는 대답이 상위 3개 항목 중 하나였다. 혼자서도 잘 놀고 외로움도 안 타는 성격이니까 향수병 같은 건 안 걸릴 거라고 자신하는 사람도 막상 해외에서 장기간 혼자 생활하다 보면 외로움이 불쑥 밀려드는 것을 피할 수 없다. 나도 갑자기 한국의 가족과 친구들이 그리워질 때가 있다. 향수병까지는 아니더라도 일주일간의 피곤한 업무를 마치고 집으로 돌아가는 금요일 저녁에 이대로 집에 가기는 아쉽고 마음 편하게 만나서 이런저런 이야기를 나눌 친구가 가끔씩 그리워지곤 한다. 해외에서 살면 한국에서는 별것 아닌 평범하고 사소한 일상이 간절해질 때가 있다. 현지에서 사귄 친구들도 있지만, 나를 아주 잘 알고 같이 성장한 친구들과 밤새도록 떠는 수다가 그립고 엄마의 집밥이 생각나는 것은 당연한 이치다.

한국을 자주 오가며 향수병을 극복한다

나는 미국에서 지내는 동안 1년에 한 번 한국에 귀국했다. 거리도 멀고 비행기 표도 비싸서 한 번 한국에 가려면 큰 마음을 먹어야 했다. 하지만 지금 일본에 살면서 1년에 3~4번은 한국에 온다. 2시간이면 오갈 수 있는 거리이고 비행기 표도 저렴해서 자주 오게 된다. 특히 재택근무가 가능해서 한국에서 지내면서 일하기도 한다. 한국에 자주 들르다 보니 동생이 "도쿄가 아니라 일산에 사는 거 아니야"라고 농담할 정도다.

또한 일본은 한국과 시차가 없어서 언제든 가족이나 친구와 편하게 통화를 하거나 카카오톡 등의 모바일 메신저를 통해 메시지를 전할 수 있다. 미국에서는 부모님과 통화하려면 통화 시간을 미리 정해야 하고 메시지를 보내고 싶어도 한국과의 시차를 생각해 나중에 보내려다가 잊어버리는 경우도 있어서, 가족이나 친구와의 커뮤니케이션 횟수가 지금보다 훨씬 적었다.

일본에 어느 정도 정착했다고 생각한 후에는 일부러 한국에 자주 들어온다. 향수병 극복에도 좋고 일본 생활을 더 잘 해나갈 수 있는 힘도 얻는다. 한국에서 가족과 친구들을 만나서 에너지를 충전하고 그 에너지로 일본에서 열심히 일하는 것이다.

비교하지 말고 긍정적으로 생활하라

해외에서 산다는 것은 장점도 많지만 단점도 많다. 특히 이방인으로 느껴지는 괴리감과 외로움은 피할 수 없다. 그렇다면 해외생활을 잘 해나가는 사람들은 어떤 사람들일까? 내가 만난 사람들 중에서 그런 사람들의 특징을 살펴보니, 긍정적으로 주어진 환경을 담담히 받아들이는 사람들인 것 같다. 해외생활은 한국과 다른 점이 많은데다, 특히 정착 초기에는 매일매일 일상에서 불편함을 겪는다. 그런 과정에서 "한국에서는 되는데 일본에서는 왜 안 돼?" "아, 답답해. 왜 이런 것도 빨리 안 해주지" "역시 이래서 한국이 좋다니까" 등의 불평거리를 늘어놓는 사람들이 있다. 일본어 학원에서 만나서 친구가 된 홍콩 출신의 여자가 있다. 그녀는 항상 "도쿄 사람들은 너무 쌀쌀맞다니까" "일본 사람들은 너무 답답해"라며 만날 때마다 일본이나 일본인에 대해 불평을 한다. 그녀의 남편은 일본인으로, 그녀는 큰 이변이 없으면 아마 일본에서 계속 살 것이다. 나는 '어차피 살아야 할 나라라면 일본의 좋은 점을 바라보고 즐겁게 살지 왜 저렇게 혼자 스트레스를 받으며 살까?'라는 생각과 함께 안타까운 마음이 들었다. 반면, "어디를 가도 일본은 너무 깨끗해" "질서 의식 하나는 일본 사람들에게 배울 만해" "일본 편의점에는 맛있는 게 아주 많아"라며 하루하루 감사하는 마음으로 즐겁게 지내는 사람들도 있다. 이런 사람들은 해외 생활을 당연히 잘 해낼 것이다. 이 책을 읽는 독자들 중에 일본이 아니더라도 해외에 취업해 살게 된다면, 한국과 비교하거나 불평거리를 찾는 것은 제발 하지 말라고 당부하고 싶다. 비교하며 불평하게 되면 향수병을 불러일으키기만 할 뿐 현지에 정착하는 데 전혀 도움이 되지 않는다.

또 한 가지 언급하고 싶은 점은 한국 사람들과의 교류다. 어학연수를 하거나 유학을 하는 사람들 중에는 한국인과는 말도 섞지 않고 멀리 하는 사람들이 있다. 내가 미국 유학을 했을 때도 일부러 한국 사람들과 벽을 치고 사는 사람들이 한두 명 있었다. 나는 그렇게까지 거리를 두고 살 필요는 없다고 생각한다. 한국 사람들과 너무 자주 어울려서 매일 한국어만 사용하는 상황이라면 문제가 되겠지만, 어느 정도 한국 사람과 어울리는 것은 향수병에 좋은 처방이 된다. 일본에서 일하는 한국 사람들을 만나서 서로 회사정보와 생활정보를 공유하고, 일본인에게서는 얻기 힘든 정서적 유대감도 느낄 수 있다.

일본은 세계 최고의 치안과 사회기반시설을 갖춘 나라

12년 전 이집트 여행을 떠나기로 한 전날

엄마: 얘, 거기 가지 마라. 배가 침몰했다더라. 가지 마! 가지 마! 위험해!

3년 전 프랑스 여행을 떠나기로 한 며칠 전

엄마: 얘, 거기 테러 일어났다는데, 가도 되니? 갔다가 무슨 일 생기면 어쩌려고?

미국 출장을 가기 며칠 전

엄마: 얘, 거기 맨날 정신 나간 애들이 총을 쏴서 사람을 죽이더라. 가서 조심해.

필리핀에서 살고 있을 당시

엄마: 거기서 한국 사람이 총에 맞아 죽었다던데. 너 택시 타지 말고, 웬만하면 집에 있어라.

질서의식이 높고 범죄율이 낮은 일본

요즘에는 국제적으로 각종 테러와 사고가 많이 발생하고 치안이 불안정한 나라가 많아서, 부모님 입장에서는 민감하게 반응하실 수밖에 없다. 치안문제는 일본 생활의 장점 중 하나다. 일본은 세계에서 가장 치안이 좋고 범죄율이 낮은 나라 중 하나다. OECD가 발간한 2016년 '한눈에 보는 사회상Society at a Glance' 보고서에 의하면, OECD 국가 중 일본의 범죄율은 아이슬란드 다음으로, 전체 국가 중에서 두 번째로 낮다. OECD 자료 외에도 UN 등 다양한 국제기구의 조사에서 일본은 항상 범죄율이 낮고 치안이 좋은 나라 상위권에 올라 있다. 또한 일본인의 질서의식은 세계 제일이라고 할 수 있다. 어느 곳에서나 줄서기는 기본이고 절대 새치기를 하거나 다른 사람에게 피해가 가는 행동을 하지 않는다.

일본의 한 설문조사에서 '지갑이나 휴대전화를 잃어버렸을 때 되찾은 경험이 있습니까?'라는 질문에 63퍼센트의 일본인이 그대로 되돌려 받았다고 답했다. 나도 가끔 깜빡 잊고 화장실이나 공공장소에 물건을 두고 온 적이 있는데, 대부분의 경우 그 자리에 그대로 있었다. 일본 정착 초기에 남편과 같이 도쿄 오다이바에 식사하러 간 적이 있다. 푸드코드 통로에서 1만 엔(약 10만 원)이 바

닥에 떨어져 있었다. 돈이 떨어진 위치가 특정 가게 바로 앞도 아니고 사람이 많이 지나다니는 통로였다. 돈을 발견한 나는 (지금 생각하면 부끄럽지만) 공돈이 생겼다고 무척 좋아했다. 그런데 옆에 있던 남편이 "무슨 소리야, 당연히 돌려줘야지"라고 말하는 것이었다. 나는 "이 돈이 누구 것인지 알고 돌려 줘, 이걸로 밥 사 먹자"라고 했지만 남편은 절대 있을 수 없는 일이라면 나를 구박하면서 분실물센터에 돈을 전달했다. 일본인의 도덕정신을 엿볼 수 있는 사건이었다.

일본 생활의 또 한 가지 장점은 아마 교통을 비롯한 사회적 기반시설일 것이다. 일본은 전국적으로 교통이 거미줄처럼 연결되어 있고 편의점이 시골 곳곳까지 다 있어서 자동차 없이도 생활할 수 있다. 교통비가 우리나라보다 비싸긴 하지만 대신 일본에서는 심지어 편의점에서 아르바이트를 해도 출퇴근 교통비를 급여 외에 별도로 지급한다.

건강보험제도도 우리나라와 비슷하다. 일본도 우리나라처럼 국가가 건강보험을 운영하여 직장인은 의무적으로 건강보험에 가입되어 저렴한 가격에 병원진료를 받을 수 있다. 의료보험이 있다면 가벼운 감기 증상으로 동네 내과에서 가는 경우에는 병원에서 진료를 받고 처방전을 받아 약국에서 약을 사는 것까지 2,000엔 이하의 금액이면 된다. 해외에 살 사람은 건강보험을 꼼꼼히 확인해야 하는데, 해외에서 생활하면서 가장 힘들 때가 아플 때이기 때문이다. 가족을 동반하는 사람은 본인 이외에 가족은 어느 정도까지 보험 혜택을 받을 수 있는지 꼭 확인해야 한다.

일본은 지진 대처능력이 뛰어나다

한 가지 짚고 넘어갈 부분이 있다. 바로 일본의 지진이다. 일본 취업을 반대하는 부모님들 중 대부분이 지진 걱정에 자식의 일본 거주를 반대한다고 들었다. 지진은 피할 수 없고 예측도 가능하지 않아서 더욱 걱정이 될 것이다. 일본 정부도 지진을 예측하기 위해 많은 연구비를 투자하고 있지만, 지진예측 연구는 상당히 어렵다. 하지만 일본에 살면서 한 가지 느낀 점은 아이러니하게도 지진이 발생하면 상대적으로 안전한 나라가 일본이라는 것이다.

일본은 지진에 대비한 설계, 즉 내진설계가 아주 잘 되어 있다. 1970년부터 건물에 내진설계를 도입해서 90퍼센트 이상의 건물이 내진설계가 되어 있다. 도쿄에는 40층 이상의 고층 맨션(우리나라 아파트와 비슷한 개념의 건물)이 많이 있는데, 이 맨션들이 2011년 동일본 대지진 당시 도쿄에 감지되었던 진도 5의 지진을 모두 견딘 건물들이다. 지진 발생에 대비해 한 달간 거주자들이 사용할 수 있는 비상식량이나 비상물품을 비축하는 맨션들도 있다.

또한 일본 사람들은 어려서부터 지진 발생 대처훈련을 정기적으로 받아서 실제 지진 상황에서 대처능력이 가히 세계 최고라고 할 수 있다. 실제로 지진을 경험했던 때의 일이다. 근무하던 사무실이 30층 이상의 고층건물에 있었는데, 진동이 감지되고 지진 경고 알람이 울렸을 때 모든 직원이 동요하지 않고 책상 서랍에서 헬멧을 꺼내 쓰고 업무를 계속 진행했다(일본 사무실에는 지진 발생에 대비해 머리 보호용 헬멧을 각 책상에 비치해둔다). 일정 규모 이상의 건물에서는 3~6개월에 한 번씩 지진 대비 모의훈련을 실시한다. 일본 사람들은 지진을 안고 살아가는 느낌이다. 언제든 지진이 올 수 있다는 사실을 받아들이고 지진 발생을 막을 수는 없지만 지진 피해는 최소한으로 하자는 생각에 철저히 준비한다.

지진이 무서워서 일본에 못 오겠다는 사람을 무작정 괜찮다는 말로 설득할 수는 없다. 다만 일본은 지진에 아주 철저히 대비하는 나라라는 점, 밤길을 여자 혼자서 다녀도 안전한 나라라는 점, 마지막으로 훌륭한 사회적 기반시설로 생활하기 편하다는 점을 들어 일본 취업을 고려하는 청년들을 안심시키고 싶다.

TIP 03

일본은 물가가 높다던데 생활하기 힘들지 않나요?

일본 취업에 관심 있는 사람들이 가장 많이 하는 질문이다. "일본은 물가가 높다던데 생활비가 많이 들지 않아요?" "집값이 비싸다던데 정말 그런가요?" 등의 질문을 많이 받았다. 전반적으로 일본 물가가 한국보다 약간 높은 것은 사실이다. 일본과 한국의 생활이 어떻게 다른지 주거비와 교통비, 물가를 중심으로 살펴보겠다.

주거비

사람들이 가장 걱정하는 비용이 월세(임대료)이다. 일본에서 취업하면 가장 먼저 거처할 집을 구하게 되는데, 월세가 생활비의 상당 부분을 차지해서 부담이 되는 것은 사실이다. 월세도 사는 지역에 따라 가격 차이가 많이 나서 일반화하기는 힘들다. 오사카나 지방 도시는 도쿄에 비해 훨씬 저렴하다. 도쿄에서도 어느 지역에 사는지에 따라 월세를 절반으로 줄일 수도 있다. 도쿄에서 인기 있고 교통이 편리한 지역은 혼자 살더라도 월세가 10만 엔이 넘는 곳도 많다. 사이타마, 지바 등 도쿄 근교로 나가면 월세가 많이 낮아지고, 혼자 사는 사람은 7만 엔 이하로도 방을 구할 수 있다. 일본 사람들도 집값이 저렴한 도쿄 근교에 살면서 도쿄로 출퇴근하는 사람들이 많다.

일본이 아니더라도 다른 나라로의 취업을 고려하는 사람들은 '주거 비용'을 지불하는 개념에 익숙해져야 한다. 한국의 전세 개념은 세계에서 유일한 제도로, 다른 나라들은 모두 집을 '소유'하거나 아니면 '월세'를 내고 살아야 한다. 일본뿐만 아니라 호주, 싱가포르, 미국, 필리핀 등 어느 나라에서 취업을 하든지 주택소유자가 아니라면 월세를 내야 한다. 요즘 미국의 뉴욕, 샌프란시스코, 싱가포르, 홍콩의 월세는 도쿄보다도 더 비싸다. 미국의 실리콘밸리에서 일하는 친구가 있는데, 그녀는 다 쓰러져가는 작은 아파트에 매달 200만 원씩 낸다고 불평한다. 홍콩은 말할 것도 없다. 홍콩의 아파트는 일본보다 더 작은데 월세는 도쿄의 2배인 곳도 많다. 해외에 근무하는 친구들을 보면 나는 오히려 일본의 월세가 적당한 수준이라는 생각이 든다.

교통비

한국 사람들이 늘 하는 말은 "일본의 교통비가 너무 비싸다"는 것이다. 한국에 비해 교통비가 비싼 것은 사실이지만, 일본에서는 아르바이트를 하는 파트타임 직원에게도 왕복 교통비를 지급한다. 나도 회사에서 교통비를 지원받는다. 집에서 회사까지 출퇴근에 사용하는 지하철 정기권 비용(약 45,000엔)을 1년에 2회 받고 있다. 또한 교통이 아주 편리해서 자동차가 필요 없고, 자동차가 정말 필요한 경우에는 렌트해서 쓴다.

물가

생활 물가는 어떨까? 도쿄의 장바구니 물가는 서울과 정말 비슷하다. 심지어 우유, 치즈 제품 등은 일본이 더 싸다. 또한 슈퍼마켓과 편의점에서 1인용 포장 제품과 소포장 제품을 쉽게 구할 수 있어서 필요한 만큼만 장을 보면 된다. 예전에는 일본의 과일이 비싸다는 생각이 들었는데, 요즘 가끔 한국에서 대형마트에 가보면 일본과 거의 비슷하다는 느낌을 받는다.

외식 물가는 레스토랑에 따라 가격 차가 있어서 한국이 비싸다 일본이 비싸다 한 마디로 말하기는 힘들다. 우리나라 외식 물가도 많이 올라서 일본과 점점 더 차이가 없어지는 것 같다. 일본에서는 500엔(약 5천 원)에 식사를 할 수 있는 식당도 있고, 1인당 5,000엔에 정말 좋은 품질의 쇠고기를 맛볼 수 있는 곳도 있다.

본인이 어느 지역에 살면서 어떤 라이프스타일을 취하느냐에 따라 생활비는 천차만별이다. 게다가 일본에는 적극적으로 생활비를 줄이고자 노력하면 줄일 수 있는 방법도 많기 때문에 무조건 일본은 물가가 비싸다고 생각하지 않아도 된다.

PART 2

취준생 99%가 모르는 일본 취업 노하우

04

자신을 잘 판매하라

지금부터는 일본 취업에 도움이 되는 실질적인 정보를 이야기하려 한다. 특히 4장에서는 일본 취업의 첫 관문인 이력서와 면접을 준비하는 방법을 전략적으로 다룬다. 시중에 나와 있는 이력서 작성에 관한 책들과는 차별화되게, 단순한 정보에 국한하지 않고 면접에서 깊은 인상을 남길 수 있도록 자신의 스토리를 발굴하고 이 스토리를 이력서에 구현하는 방법을 구성했다.

여기서 익힌 내용은 일본에 한정되지 않고 다른 나라로의 취업을 준비하는 사람들에게도 도움이 될 것이다. 실제로 나도 내 자신을 피력할 수 있는 다양한 스토리를 개발하고, 이를 통해 미국 취업과 일본 취업에 모두 활용했다. 이력서 및 면접 준비 노하우는 커리어를 이어가는 동안 평생 사용할 수 있는 무기가 되리라 확신한다.

1페이지로 개인 마케팅 계획서를 작성하라

취업활동은 마케팅이다

나는 기업의 마케팅이 취업활동과 본질적으로 같다고 생각한다. 기업은 시장에 소비자가 좋아할 상품을 파는 것이고, 취업은 내 역량을 필요로 하는 회사를 찾아서 그 회사에 나를 사용해달라고 파는 것이다. 새로운 상품을 출시할 때 기업은 계획을 철저히 세우고 장기간에 걸쳐 준비한다. 소비자의 특성을 파악하고, 제품 콘셉트를 잡고, 어떤 가격에 어떤 유통경로로 제품을 판매하며, 어떻게 홍보할 것인지 끊임없이 데이터를 수집하고 연구하여 제품을 출시한다.

취업도 마찬가지다. 적당한 회사에 지원해서 혹시 회사에서 나를 뽑아주면 가겠다고 생각하는 것이 아니라, '나'라는 상품을 철저히 분석하고 나를 좋아할 만한 회사를 찾아야 한다. 내게 어떤 역량과 경험이 있고, 어떤 일을 하고 싶은지 확실히 파악하고, 이를 필요로 하는 회사에 지원할 때 합격 확률이 높아진다. 합격률과 더불어, 더 중요한 것은 취업 후에도 지원자 본인이 회사 업무에 만족하며 일할 수 있다는 점이다. 특히 고국을 떠나 타지에서 자신을 판매해야 하는 해외 취업의 경우 더욱 더 전략적인 관점에서 계획을 세워야 한다.

개인 마케팅 계획서를 작성하라

시장에 신제품을 출시할 때, 기존 제품을 리뉴얼renewal하거나 새로운 버전의 상품을 내놓을 때 마케팅 부서에서 반드시 작성하는 서류가 있다. '신제품 출시 계획서' 또는 '마케팅 계획서'다. 신제품 마케팅 계획서는 제품을 성공적, 효율적으로 출시하기 위한 도구로, 제품의 기본 콘셉트와 주요 대상 고객층, 유통경로 등을 상세히 수립한 계획서다.

나는 취업자들도 이런 관점에서 자신의 '마케팅 계획marketing plan'을 작성해야 한다고 생각한다. 특히 일본 회사의 신입사원 채용을 준비하는 대학생들이라면 철저한 자기분석이 필수적이다. 앞서 언급한 것처럼 일본 회사는 신입사원 선발 시 지원자의 스펙이나 자격증보다는 회사의 가치관과 잘 맞고 성장 가능성 있는 사람을 뽑기 때문에, 면접관들도 지원자가 어떤 성향의 사람인지 어떤 가치관과 어떤 장점을 가지고 있는지에 대해서 집중적으로 묻는다. 면접관들의 날카롭고 집요한 질문에 대답하려면 자기 자신을 잘 분석하고 있어야 한다. 그래서 일본 대학생들도 신입사원 채용을 준비하면서 '자기분석'을 중점적으로 실시한다.

신입사원 채용뿐만 아니다. 경력직원 채용에서도 지원자가 그동안 쌓아온 기술이나 경험을 묻기도 하지만, 지원자의 장점, 가치관 등 그가 어떤 사람인지에 대한 질문을 많이 한다. 매일 얼굴 맞대고 직장에서 같이 일할 사람이기 때문에 그 사람이 '어떤 사람'인지 아는 것이 아주 중요하다.

그러면 왜 입사 지원자는 '마케팅 계획서'를 작성해야 할까? 다음의 세 가지 이유 때문이다.

첫째, 자신이 정말 무엇을 원하는지 알게 된다.

둘째, 자신에 대해 좀 더 구체적으로 알게 된다. 자신이 다른 지원자와 어떻게 다른지, 즉 자신의 셀링 포인트selling point가 무엇인지 알게 된다.

셋째, 커리어 전략을 설정하고 그 전략을 달성하기 위해 어떻게 행동해야 하는지 알 수 있다.

취업활동이란 학력, 경력, 기술, 지식 등 내가 가진 자산을 객관적으로 분석하고 나의 자산을 필요로 하는 회사를 찾아서 본인을 적극적으로 판매하는 과정이다. 따라서 본인이 어떤 사람이고 어떤 기술과 경험, 지식을 갖고 있는지 파악하는 과정이 가장 첫 번째 단계다.

마케팅 계획서 작성법

개인의 '마케팅 계획서'란 무엇인가? 거창하게 생각할 필요는 없다. 제품출시 전략의 기본 형식을 그대로 따라가면 된다. 신제품을 출시할 때 기업은 다음과 같이 계획을 수립한다.

① 제품의 특징이 어떠한가

② 주로 어떤 고객층을 대상으로 하는가

③ 어떻게 홍보할 것인가

개인의 '마케팅 계획서'에서도 이 계획처럼 작성하면 된다.

① 지원자의 역량은 어떠한가

기술, 지식, 경험, 학력 등을 파악해 정리한다.

② 어떤 회사를 대상으로 할 것인가

지원자가 일하고 싶은 산업과 기업 리스트를 정리한다.

③ 자기 자신을 어떻게 알릴 것인가

어떤 네트워킹 이벤트에 참가할 것인지, 회사 내 지인이나 선배가 있는지 등 자신의 홍보 방법을 생각한다.

이 세 가지 항목을 진지하게 고민해서 자신의 '마케팅 계획서'를 작성해보자. 나도 미국에서 인턴십을 준비할 때부터 일본에서 취업할 때나 이직을 준비할 때마다 항상 계획서를 작성했다.

마케팅 계획서 샘플

항목	세부 사항		
목표 직무	기획, 마케팅, 영업 등 어떤 직종에 취업하고 싶은가		
나의 자산	스킬	경력	학력
	분석력 커뮤니케이션	OOO OOO	OOO OOO
포지셔닝	나를 어떻게 차별화시킬 것인가 나를 어떤 사람으로 회사에 각인시킬 것인가 나를 한마디로 표현한다면 OO다		
목표 회사	XXX 산업	XXX 산업	XXX산업
	OOO 회사	OOO 회사 OOO 회사	OOO 회사 OOO 회사
예상 연봉	OOOO엔		
홍보 방안 (How to)	어떻게 회사에 나를 알릴 것인가 (회사에 직접 지원, 취업박람회 참가, 채용 에이전시 이용 등)		

개인의 '마케팅 계획서'에 정답은 없다. 하지만 자신이 어떤 자산을 가지고 있고, 회사에 어떻게 포지셔닝할 것인지, 즉 자신을 어떤 이미지로 각인시킬 것인지는 꼭 시간을 들여서 생각해야 한다.

하루에도 많은 상품과 서비스가 시장에 우후죽순으로 쏟아지고 있지만, 소비자들에게 선택받지 못하는 상품들도 많다. 실패 이유로는 대체로 세 가지를 들 수 있다. 첫째로 상품의 콘셉트가 애매모호하거나, 둘째로 소비자가 원하는 수준의 품질을 구현하지 못하거나, 셋째로 제대로 된 고객층을 선별하지 못했기 때문이다. 지원자가 구직에 실패하는 이유도 마찬가지다. 첫째로 자신의 포지셔닝이나 콘셉트가 애매모호해 회사에 자신을 각인시키지 못하거나, 둘째로 회사가 원하는 학력, 경력, 기술을 가지고 있지 않거나, 셋째로 본인과 맞지 않는 회사에 지원하는 경우에 합격 통지서를 받지 못할 확률이 크다. 즉, 취업활동의 첫 단계는 철저한 자기분석이며, 이 첫 단계가 취업활동의 절반 이상을 좌지우지한다고 해도 과언이 아니다.

마지막으로 덧붙이면, 자신의 마케팅 계획서는 한 번 작성하고 마는 일회성 이벤트가 아니다. 취업활동을 하는 과정에서 새로운 정보를 얻기도 하고 면접에서 면접관과 이야기를 하면서 조금씩 방향이 바뀔 수도 있다. 계획서를 항상 점검하고 상황에 따라 업데이트해서 살아 있는 문서로 활용하길 바란다.

이력서보다는 면접을 먼저 준비하라

왜 면접을 먼저 준비해야 할까?

구직자들이 가장 먼저 하는 일이 바로 이력서 준비다. 대부분의 구직자들이 워드 프로그램이나 아래한글 프로그램을 열고 이력서부터 작성하기 시작한다. 하지만 잠시 이력서는 잊길 바란다. 이력서의 목적이 무엇인지부터 생각해보자. 이력서는 나의 경력과 실력을 자랑하기 위한 것인가? 지원하는 회사에 내가 어떤 사람인지 알리기 위한 도구인가? 둘 다 맞는 말이다. 하지만 이력서의 중요한 역할 중 하나는 면접에 초대받기 위한 도구라는 것이다. 이력서 내용을 바탕으로 기업의 채용 담당자는 지원자를 상상해보고, 서류상으로만 만난 사람을 면접에서 확인한다. 따라서, 이력서와 면접을 하나의 세트로 묶어서 준비해야 한다.

실제 면접에서도 면접관들은 이력서에 기재된 내용을 물을 것이고, 면접관의 질문에 지원자도 가능하면 이력서 내용을 이용해 대답하는 것이 좋다. 그런 점에서 이력서가 아니라 면접을 먼저 준비해야 한다. 즉, 면접에서 내가 전달할 스토리를 먼저 만드는 것이 올바른 순서다. 나의 스토리를 만든 후에 이력서, 직무경력서 등을 정해진 양식에 맞춰 작성해서 제출하는 것이다. 따라서, 알맹이가 충실한 자신의 스토리를 먼저 발굴해야 한다.

예상 질문별로 스토리를 하나씩 개발하자

어느 회사 어느 직종을 불문하고 면접에서 공통적으로 묻는 질문들이 있다. 왜 우리 회사에 지원했는지, 왜 이 산업에서 일하고 싶은지, 본인의 장점 및 단점, 인생에서 힘든 경험을 어떻게 극복했는지, 리더십 경험 등을 묻는다. 경력직 구직자의 경우에는 담당했던 업무나 실제로 실행했던 프로젝트에 대하여 상세하게 물을 것이다. 이러한 질문에 대해 자신의 스토리를 먼저 개발한 후에 그 스토리를 바탕으로 이력서를 작성해야 한다.

또한 회사는 지원자가 팀워크teamwork를 발휘하며 잘 일할 수 있는지, 어떤 업무나 프로젝트를 맡겼을 때 리더십leadership과 책임감을 가지고 수행할 수 있는지, 회사 내부 및 외부에서 의사소통communication을 잘 할 수 있는지, 부서에서 필요한 데이터나 자료를 잘 분석하는 기술analytical skills을 가지고 있는지를 검증하려고 할 것이다. 지원자는 회사가 검증하고 싶어 하는 다양한 기술들을 본인의 스토리를 통해 증명해야 한다.

예를 들어, 회사 측에 자신의 장점으로 '행동력이 강하다'를 강조했다고 가정해보자. 지원자는 자신의 강한 행동력을 뒷받침하는 스토리나 에피소드로 면접관에게 행동가로서의 면모를 드러내야 한다. 단순한 문장이나 주장보다는 스토리가 전달력이 강해서 면접관의 뇌리에 남게 된다. 취업을 준비하면서 가장 먼저 해야 할 일은, 자신의 인생과 경험을 파헤치고 거기서 어떤 스토리와 에피소드를 이끌어내서 어떤 면을 강조할 수 있을지 준비하는 것이다.

특히 대학생들은 꼭 자기분석을 철저하게 해야 한다. 앞서 언급했듯이, 일본 회사들은 신입사원 채용 시 지원자의 가치관과 잠재력을 중점적으로 보기 때문에 지원자가 어떤 사람인지, 이제까지 인생을 어떻게 살아왔는지, 지원자가 어떤 행동을 한 이유는 무엇인지 아주 꼼꼼하게 묻는다. 긴장되는 면접 상황에서 꼬리에 꼬리를 무는 질문을 받으면, 자기분석이 철저히 되지 않은 지원자들은 당황하기 마련이다. 일본인 대학생들도 취직을 준비하며 그룹으로 모여서 자기분석 스터디를 많이 한다. 이제까지 살아오면서 있었던 모든 에피소드를 낱낱이 끄집어내서 의미를 이끌어내고, 그 에피소드로 자신을 어떻게 표현할 것인지 몇 달에 걸쳐서 준비한다.

스토리를 CAR 형식으로 정리하라

그렇다면, 구체적으로 자신의 스토리를 어떻게 구성해야 하는가?

여기에도 나름의 형식이 있다. 바로 CAR 형식이다. CAR은 Context — Action — Result의 약자로, 구체적인 내용은 다음과 같다.

C: Context/Challenge(맥락/도전과제)

배경/상황이나 직면한 문제에 관해 설명한다.

A: Action(행동)

그 상황에서 자신이 어떤 행동을 했는지 설명한다.

R: Result(결과)

어떤 결과가 나왔는지, 특히 구체적인 숫자로 언급한다.

콘텍스트Context는 스토리의 배경이나 상황 설명이다. 액션Action은 지원자 본인이 어떤 행동을 했는지 설명한다. 지원자의 행동을 통해 면접관은 그 사람의 역량이나 기술을 파악한다. 마지막으로 스토리의 결과Result 구체적인 수치를 들어 설명한다. 구체적인 숫자를 말하기 힘든 결과도 있지만, 가능하면 수치를 사용하는 게 좋다. 수치를 사용할 경우 면접관이 결과에 대한 상황을 그려볼 수 있고, 지원자에 대한 신뢰감도 올라간다. 자신의 스토리를 CAR 형식에 맞춰서 준비해놓고, 면접에서도 이 형식에 맞춰서 대답하는 것이다. 실제로 내가 면접에서 나의 리더십을 어필하기 위해 발굴한 스토리는 다음과 같다.

CAR 형식으로 정리한 스토리 샘플

Context

대학원 시절 나를 비롯해 여러 동기들은 비즈니스 컨설턴트가 되고 싶어 했는데, 어떻게 준비해야 할지 알 수 없었고 도와줄 선배도 없는 상황이었다. 우리는 타 학교의 컨설턴트 준비 동아리에 합류할 것을 고민 중이었다.

Action

나는 우리가 직접 동아리를 만들자고 제안했다. 뜻이 맞는 몇몇 친구와 함께 동아리를 설립하고, 동아리 회원들을 모집하고, 자료들을 모아 커리큘럼을 만들었다. 1주일에 한번씩 모여 컨설턴트로서 필요한 지식을 학습하고 면접 연습 등을 진행했다. 또한 현업에서 활동하는 선배들을 초청하여 실제 현장의 목소리를 듣는 시간도 마련했다.

Result

동아리 활동은 2년간 지속되었으며, 졸업 후 회원 대부분(12명 중 10명)이 컨설턴트로 취직했다. 더 뿌듯한 점은 그 동아리가 10년이 넘는 지금도 인기 동아리의 하나로 지속되고 있으며 후배들도 컨설팅업계에 진출하고 있다는 것이다.

나는 이 스토리를 통해 면접관에게 내가 적극적으로 문제를 해결하고 일을 추진하는 사람이라는 인상을 심고 싶었다. 실제로 미국이나 일본에서 면접을 볼 때 이 스토리를 자주 사용했고, 많은 면접관들이 내 이야기에 관심을 보였다. 이 스토리 이외에도 나는 여러 개의 스토리를 준비했는데, 엑셀 프로그램에 다음의 표를 만들어서 스토리를 발굴하고, 면접을 보게 되면 이 엑셀 시트를 보면서 연습을 했다.

		Context	Action	Result
리더십	스토리 1			
	스토리 2			
팀워크	스토리 1			
	스토리 2			
분석력	스토리 1			
	스토리 2			
OOO	스토리 1			
	스토리 2			

작은 스토리도 충분하다

솔직히 스토리를 발굴하는 과정이 쉽지는 않다. 이제까지 살아온 경험, 아르바이트를 하면서 겪었던 일, 회사생활에서 배우고 익힌 경험 등을 끄집어내고, 거기에서 의미를 도출하는 작업은 결코 만만치 않다. 특히 우리나라 사람들은 자신을 내세우는 스토리라면 거창한 일이나 회사에 큰 영향력을 미친 일을 생각하는 경향이 있다. 유학 시절, 나는 현지 인턴십을 준비하면서 미국인 친구들보다 더 인상적인 면접을 해야겠다고 마음 먹고는 많이 고민해서 나만의 스토리를 개발했다. 그때 다른 미국인 친구들과 그룹으로 면접 준비를 같이 한 적이 있었는데, 그 친구들은 나와 다른 점이 있었다. 미국인 친구들은 아주 사소한 에피소드로도 자신을 잘 드러내는 스토리를 만들고 그 스토리를 아주 자랑스러워 한다는 점이 인상적이었다. 예를 들어, 한 미국인 친구는 아르바이트하던 회사에서 우편물이 다른 사람의 책상에 잘못 배달된 것을 보고 자신이 진짜 우편물 주인에게 전달했다는 경험을 가지고 일을 시작하고 행동하는 능력initiative을 증명할 스토리로 사용했다. 나는 처음에는 약간 어이가 없었다. '아니, 뭐 저런 이야기로 면접관에게 자신을 피력하겠다는 거지?'라고 생각했다. 그런데 그 친구만 그런 게 아니었다. 다른 미국인 친구들도 대수롭지 않은 작은 에피소드로도 자신의 장점을 강조하고 드러냈다.

지원자에게 학창 시절 전교를 휘어잡고 다니며 학생들을 이끌던 경험이 있고, 몇 백억 원의 프로젝트를 수주한 경력이 있다면 최고일 것이다. 하지만 지극히 평범한 우리 중에 그런 대단한 경험을 가진 사람은 그리 많지 않다. 기죽지 말고 작은 경험이라도 나의 어떤 면을 부각시키고 끄집어낼 것인지에 집중해서 좋은 스토리를 만들자. 스토리의 크고 작음이 중요한 것이 아니라 스토리 이면에 왜 그런 행동을 했는지, 어떤 긍정적인 결과를 경험했는지를 설명하는 것이 더욱 중요하다.

쉬운 일은 분명히 아니지만, 나를 시장에서 팔고자 하는 지원자들은 반드시 이런 과정을 거쳐야 한다. '별것 아닌 스토리여서 이런 걸 면접에서 이야기기하는 건 창피할 거야'라고 절대 생각하지 마라. 스토리가 별것인지 아닌지는 중요하지 않다. 아무리 작아 보이는 스토리라도 그 스토리를 통해 본인의 역량이 잘 드러난다면 그 스토리는 의미가 있다.

핵심 스토리로 이력서를 채워라

취업활동에서 가장 중요한 것은 자기 스토리 발굴로, 이는 원석 채굴 작업에 비교할 수 있을 것 같다. 스토리를 만들었다면 이미 80퍼센트는 완성한 것이나 마찬가지다. 이제 채굴한 원석을 어떻게 가공하고 포장할 것인지 알아보자.

신입은 이력서와 엔트리 시트를 준비하라

기본적으로 일본의 신입사원 지원자는 이력서와 엔트리 시트Entry Sheet를 제출한다. 회사에 따라 두 개의 서류 중 하나만 요구하는 회사도 있고, 두 개 다 요구하는 회사도 있으므로, 자신이 지원하는 회사의 방침에 따라 제출하면 된다.

엔트리 시트란 지원자의 특성을 자세히 파악하기 위한 서류로, 서식이나 기입 내용은 회사에 따라 다르지만 대략 자기 소개

(혹은 자기 PR), 회사 지원 이유, 자신의 장단점, 학창 시절에 최선을 다한 것이 무엇인지, 인생에서 힘들었던 경험을 어떻게 극복했는지 등을 적는다.

이때 중요한 것은 절대 너무 많은 이야기를 담으면 안 된다는 것이다. 질문 항목당 한 가지 핵심어와 콘셉트를 잡고 스토리를 담는 것이 중요하다. 예를 들어, "본인의 장점은 무엇입니까?"라는 질문에 "저는 행동력이 강하고, 숫자의 분석을 잘하고, 영어도 잘 합니다"라고 기록하면 안 된다. '행동력이 강하다'는 결론을 먼저 말하고 관련된 에피소드를 추가해서, 엔트리 시트를 보는 인사 담당자가 지원자의 행동력을 머릿속으로 상상할 수 있도록 작성해야 한다.

여기서도 C—A—R에 맞춰서 작성한 에피소드를 넣는다. 아르바이트, 취미, 특기, 대학생활 경험 등에서 자기의 장점을 뽑고 거기에 상응하는 에피소드를 CAR 형식에 맞춰 만든 후에, 면접에서도 이 결론을 말하고 이 스토리를 중심으로 답변을 하는 것이다.

경력직은 이력서와 직무경력서를 준비하라

일본에서 취업하고자 하는 경력직 지원자는 이력서와 직무경력서를 준비해야 하고, 이 서류들과 함께 영문 이력서도 준비할 필요가 있다. 외국계 기업에서는 영문 이력서만 받는 경우도 있기 때문이다. 그리고 경력직 지원자는 헤드헌팅 에이전시를 통해 주로 구직활동을 하는데, 많은 에이전시에서 영문 이력서를 요구하는 경우가 많다.

경력직 지원자가 준비하는 직무경력서는 특별히 정해진 형식은 없고, 연도별로 직무를 기술할 수도 있고, 커리어별로 기술할 수도 있다. 연도별로 기술하든 커리어별로 기술하든 공통점은 본인이 한 업무와, 결과 및 실적을 구체적인 수치로 설명하는 것이다. 즉, C—A—R 중의 Action과 Result를 기술한다. 면접에서 직무경력서에 기재된 내용에 관해 질문을 받으면 C—A—R 형식에 맞춰서 대답하면 된다.

다음 페이지의 예는 일본에서 취업을 준비하는 대학생의 이력서와 경력직의 직무경력서다. 참고로, 이력서는 지원자의 기본적인 인적 사항, 학력, 경력, 자격증 유무 등을 확인하는 지원자의 요약(개요)이라고 생각하면 된다. 반면, 직무경력서는 지원자의 경력을 중심으로 작성한 서류로 지원자의 경력상 어떠한 성취를 이루었고, 어떤 지식과 경력을 쌓아왔는지를 나타내는 서류다.

이력서 샘플

履歴書

平成 26年 7月 28日 現在

ふりがな	きむ・ひじん	女
氏　　名	KIM HEEJIN	
生年月日	平成 1 年 8 月 25 日生 満（25）歳	
ふりがな	とうきょうとこうとうくあおみ	（自宅電話）
現 住 所	〒135-0064 東京都江東区青海２-２東京国際交流館A棟103号室	
E-mail	xxxxxxx@yahoo. com	xxx-xxxx-xxxx
ふりがな		（連絡先電話）
連 絡 先	〒　（現住所以外に連絡を希望する場合のみ記入） 同上	

年	月	学歴・職歴（各別にまとめて書く）
		学歴
2005	2	(韓国) 梨花女子中学校 卒業
2005	3	(韓国) 梨花女子高等学校 入学
2008	2	(韓国) 梨花女子高等学校 卒業
2008	4	東京外国語大学日本語教育センター留学生予備教育プログラム 入学
2009	3	東京外国語大学日本語教育センター留学生予備教育プログラム 卒業
2009	4	慶應義塾大学経済学部経営学科　入学
2013	3	慶應義塾大学経済学部経営学科　卒業
2013	4	早稲田大学商学研究科商学専攻　入学
2015	3	早稲田大学商学研究科商学専攻　卒業見込み
		職歴　なし
年	月	免許・資格
2009	12	日本語能力試験１級取得
2012	5	GMAT730点取得
2012	5	TOEFL iBT114点取得
2014	1	TOEIC 990点取得

特技・趣味
芸術に関心があり、自分でも写真撮影や描画等に取り組んでいます。ブルガリアにいたときに書いた絵は大学の展覧会に展示されたこともありました。また、新しいことを学ぶ・発見することが楽しくて、趣味として読書や旅行をします。

課外活動
学部時代にボランティアとして日本語イブニングコースに参加しました。それは、東京外国語大学で勉強していた留学生とその家族のために作られた日本語教室で、私はその手伝いをしていました。
来日する外国人は、直面する様々な課題の中で、最も大きいのは日本語ではないかと思いますが、残念ながら、全員まともな日本語教育を受けることができません。専門の授業と重複したり、又は家族の場合は大学に所属していないため受講できなかったり、様々なバリアがあります。そこで、日本語教育の先生と私達学生は、ボランティア活動として無料でそれぞれのニーズに応じた日本語クラスを設けることにしました。生徒を募集したり、個別面接を通じてそれぞれのニーズを把握し時間や授業形式、内容を決めていました。学生が好きな授業に参加する形式でやりました。私も一人の先生として数人の留学生を相手に初級文法クラスを担当しました。

現在は、異文化理解講師のアルバイトをしています。日本の小学校や中学校を訪ね、子供達に異文化理解について語ったり、韓国の文化を体験してもらったりしています。

研究課題または得意科目
専攻は金融・証券論で、学部時代にはコーポレートファイナンス、つまり社債やポートフォリオ投資について勉強しました。現在は、国際金融と経済政策に特に興味を持ち、ユーラシアンユニオンの金融システムについて研究しています。
得意科目は、数学系の科目と外国語（英語、中国語など）です。

自己ＰＲ
私の強みは、前向きで柔軟性のある性格です。どんな困難に遭っても、諦めず乗り越える自信があります。私は高等学校１年次の時、親の転勤で韓国の北方にある町に引っ越しました。そのとき、環境の変化や学校カリキュラムの差の影響で成績が一気に落ちました。当時私は奨学金を目指していたため、どうしても成績を上げる必要があると判断しました。そのために毎日一生懸命勉強し、学校の先生方にお願いして放課後に補習を受けたり、レポートを提出したりしました。また、一日でテストを１０つ連続で受けることもありました。結果、私の努力が認められ、成績上位者になれました。更に、転校したばかりの私がクラス委員長にも選ばれました。

직무경력서 샘플

職務経歴書

20XX年X月X日
氏名

【職歴要約】
飲料メーカーの営業職として地域に密着した営業活動に従事してまいりました。
ルート営業だけでなく新規開拓営業にも積極的に取り組み、減少しがちな顧客数を確保。
同時に、独自の販促キャンペーンを企画し営業実績をあげることに尽力しております。

【勤務先概要】
〇〇飲料株式会社　業務内容：飲料メーカー　設立：1950年
資本金：10億円　売上高：1200億円（2017年度実績）　従業員数：1000名

【職務経歴】
2010年4月　〇〇飲料株式会社入社
新入社員研修受講（電話対応、ビジネスマナー、キャリア形成など）
営業実習（OJT、営業同行）
【実績】新人営業グランプリで優勝

2011年4月　横浜支店営業部に配属
自社ブランドの飲料を百貨店、スーパー、小売店に卸す営業に従事
【営業スタイル】ルート営業（6割）、新規開拓営業（4割）
【担当顧客数】100社　【担当地域】横浜市（中区、南区、保土ヶ谷区）
【仕事内容】店舗に合った商品選定、販売提案
キャンペーン商品の独自の販売促進案を提案
追加受注への対応、販売棚の取り外しなどアフターフォロー
【実績】売上高　2011年度：2200万円
2012年度：3400万円
2013年度：6500万円
2014年度：6400万円

【表彰】2013年度横浜営業所敢闘賞受賞（営業35人中3位）

【営業上の工夫点】独自の顧客分析をもとに考案した新商品のキャンペーン方法を、手書きのPOPや看板とともに各店舗に提案。特に花見や花火大会など季節を活かした宣伝手法は功を奏し、トップシェアを誇る他社の売上を大きく引き離しました。

以上

경력직은 영문 이력서도 준비하라

경력직 지원자는 일문 직무경력서뿐만 아니라 영문 이력서를 준비해야 한다. 신입사원으로 일본 회사에 입사한 사람들도 향후 이직을 고려한다면 영문 이력서를 미리 준비할 것을 권한다. 잘 만든 영문 이력서는 링크드인에서 활용할 수 있어서, 일본 취업을 준비하는 사람들도 영문 이력서를 잘 준비할 필요가 있다.

영문 이력서는 C—A—R 형식으로 개발한 스토리를 가지고 Action과 Result를 중심으로 작성하면 된다. 한 가지 명심해야 할 점은 영문 이력서는 반드시 Action Verb로 시작해서 작성해야 한다는 것이다. Action Verb란 액션Action, 즉 지원자가 한 행동을 묘사하는 행위 동사로, 영문 이력서의 첫 단어는 강한 인상을 남길 수 있는 Action Verb를 사용해서 작성한다. Action Verb는 자신이 어떤 역할을 했고 어떤 성과를 거뒀는지 구체적인 행위를 보여주기 때문에, Action Verb로 잘 구성된 이력서를 보면 지원자가 어떤 업무를 했는지 한눈에 알 수 있다. 각각의 경력사항은 Action Verb를 사용해 자신이 한 업무를 설명하고 뒤에 구체적인 수치를 포함한 결과를 넣어서 작성한다.

예를 들어, 다음의 굵은 글씨는 Action Verb이고, 밑줄 친 부분은 Action으로 인한 결과다.

- **Performed** internal control reviews including GL, cash, purchasing, and sales, to recommend actionable process improvements resulting in increased efficiencies for over 15 clients

- **Led** a team of seven and created a contingency plan to hedge future raw material prices, saving the client $6M in manufacturing costs
- **Consolidated** all income statements and implemented expense review procedures for 28 Canon China subsidiaries resulting in suggested improvements in management's expense reduction proposal

이처럼 영문 이력서도 앞에서 개발한 스토리의 Action과 Result를 사용해 작성하면 된다. 참고로, 실제 활용할 수 있는 Action Verb 리스트와 이력서 샘플을 부록으로 수록했으니 이력서 작성에 참고하기 바란다.

비즈니스 인맥 사이트 '링크드인'을 꼭 활용하라

메시지 1

Dear Jung san,

I hope this email finds you well. This is ○○○ from XXXX recruitment team at XXX Company Japan. I specialize in recruiting for consulting, M&A advisory and private equity industries. I was impressed by your background and your language skills. As I work with many people in your area of expertise and I thought it would be great to get in touch. We can share information on the market like new positions or general data on the market in Japan. Do let me know if you are interested in market updates as I am happy to discuss with you in detail. I look forward to speaking with you.

메시지 2

Dear Heesun,

My apologies for the sudden contact. This is ○○○ from the recruitment team at Apple Japan. Japan has been a special market for us and we are continuing to eye further growth for our consumer and enterprise businesses. We are looking for professionals with strong strategic Business Planning and consulting experience to join our planning and operations team to help support and drive our business. I was impressed by your extensive Business Consulting experience across different markets and industries, especially your retail client experience at ○○○. I was wondering if you would have the chance to connect for a discussion regarding our business as well as opportunities within our team. Should you be interested, it would be great if you can let me know your availabilities and the best way to connect. Even if you are not actively seeking a career change currently, a casual discussion for the future would also be more than welcomed. Thank you and I am looking forward to your reply.

○○○

Recruiter at Apple

두 메시지는 내가 실제로 링크드인을 통해서 받은 것이다. 첫 번째 메시지는 채용 에이전시에서 보낸 메시지로, 요약하면 "당신의 경력이 아주 인상적이다. 현재 일본 컨설팅업계의 구인 상황 및 새로운 포지션에 관해 이야기하고 싶다"는 취지다. 채용 에이전시뿐만 아니라, 회사에서 직접 링크드인을 통해 연락하는 경우도 있다. 두 번째 메시지는 애플 사의 채용 담당자가 보낸 것이다.

링크드인에 꼭 가입해 프로필을 올려라

일본의 경기가 좋아지고 구인난이 심해지면서, 구직자와 회사를 연결하는 헤드헌팅 에이전시의 비즈니스도 확대될 뿐 아니라 새로운 에이전시도 계속 생기는 추세다. 에이전시의 채용 담당자들은 한 명이라도 더 좋은 스펙과 경력을 가진 인재를 확보하기 위해 노력 중인데, 이 담당자들이 가장 애용하는 도구가 바로 링크드인이다. 링크드인을 통해 후보자가 될 만한 사람을 검색하고 연락하며, 링크드인을 통해 연락을 주고받고 실제로 채용까지 진행되는 경우도 아주 많다. 또한 일반 회사의 HR 담당자도 후보자를 물색하기 위해 링크드인을 자주 검색한다. 세계 유명 경영컨설팅 회사인 맥킨지McKinsey & Company와 애플Apple의 인사 담당자가 내 프로필을 보고 메시지를 보낸 경우도 있었다. 따라서, 해외 취업을 생각하는 지원자들은 링크드인에 꼭 가입해서 자신의 프로필을 올려둬야 한다. 그리고 일본어보다는 영어로 링크드인 프로필을 작성하는 게 좋다. 채용 에이전시에서 일하는 컨설턴트들 중에는 일본어를 잘 하지 못하는 외국인이 많아서 대부분 영어로 후보자를 검색한다.

링크드인을 통해 인사담당자에게 직접 연락할 수 있다

나는 링크드인의 덕을 톡톡히 본 경우다. 처음 일본에 왔을 때 일본어를 전혀 못해서 영어로 일할 곳을 찾아 경력을 쌓으며 일본어를 공부하려는 계획을 세웠다. 몇몇 타겟 회사들을 정한 후에 각 회사의 홈페이지에 들어가보았다. 회사의 홈페이지에는 자사를 홍보하기 위해 직원들을 면접하거나 소개하는 페이지가 많았다. 나는 그중에서 인사담당 부서에서 근무하는 사람들의 명단을 뽑아서 링크드인에서 검색했다. 인사팀 직원들은 대부분 링크드인에 자신의 프로필을 등록하고 있었다. 링크드인 가입은 무료이지만, 내가 관심 있는 회사의 직원에게 메일을 보내려면 프리미엄 서비스에 등록해야 했다. 프리미엄 멤버십에도 등급이 다양한데, 그 당시 메일을 보내려면 약 10,000엔(약 10만 원)을 지불해야 했다. 작은 돈은 아니었지만 혹시 메일을 통해 취업할 수 있다면 10만원은 가치 있는 투자라고 생각해서 '과감히' 결제하고 메일을 보냈다.

그 결과 메일을 받은 직원이 인사팀의 담당 직원에게 나를 소개시켰고, 그 담당 직원이 가볍게 한번 보자고 제안했다. 상대방에게는 가벼운 미팅이겠지만, 나는 가볍지 않은 마음으로 인사팀 직원을 만났고 그 직원이 사내에 내 이력서를 돌렸다. 그 후 글로벌 마케팅팀에서 만나자는 제안을 했고, 세 번의 면접 끝에 합격했다.

"계약서를 첨부합니다. 살펴보고 궁금한 점이 있으면 문의주세요. 마음에 들면 서명해서 한 부는 보관하고 한 부는 저희에게 보내주세요. 출근 날짜는 언제가 좋은가요?"

'이런, 생각했던 것보다 이렇게 빨리 취직이 될 줄이야! 링크드인 만세!'

회사에서 링크드인으로 내게 연락을 하기도 하지만, 나도 관심 있는 회사에 연락을 할 수 있다. 내 연락을 받고 회사에서도 내 프로필을 자세히 살펴볼 것이고, 관심이 있으면 만나자고 제안할 것이다. 여러분이 한국에 살든 일본에 살든 사는 곳은 중요하지 않다. 링크드인에 경력을 올려두면 전 세계의 헤드헌터와 채용 담당자들에게 자신을 홍보할 수 있다. 지금 당장 링크드인에 가입하자. 이미 회원이라면 프로필이 자신의 스토리가 잘 전달될 수 있게 작성되었는지 확인해보자.

면접 초대를 받았다면, 연습! 연습! 연습!

자신의 스토리를 개발하고 영문 이력서, 직무경력서 등을 준비하고 가고 싶은 회사를 찾아서 이력서를 넣는 등 쉽지 않은 구직활동을 거쳐서 드디어 일본 회사에서 면접 초대를 받았다. 기쁨도 잠시, 일본어나 영어 면접에 대한 압박감 때문에 걱정이 태산 같을 것이다.

나 역시 영어와 일본어로 면접을 많이 해봤는데도 면접을 볼 때마다 어쩔 수 없이 긴장된다. 새로운 사람을 만나는 것 자체가 부담도 되지만, 상대가 나를 평가하고 내게 일을 줄 수 있는지 여부를 결정하는 사람이니 긴장감이 배가되는 것은 당연하다. 게다가 해외 취업 준비생들은 한국어가 아닌 일본어나 영어로 면접을 진행해서 부담이 더 클 것이다. 그렇다면 최고의 성과를 내기 위해서 어떻게 할지를 고민해야 한다. 해결책은 끊임없는 연습뿐이다.

130퍼센트를 준비해야 100퍼센트를 보여준다

자신감은 연습에서 나온다는 말이 있다. 실제 면접에서 내가 준비한 것의 100퍼센트를 보여준다는 것은 쉽지 않다. 내 경험상 면접에서 준비한 분량의 70~80퍼센트를 발휘했다면 잘한 면접이라고 말하고 싶다. 다시 말해서, 100퍼센트가 아니라 120퍼센트, 130퍼센트를 준비해야 실제 상황에서 100퍼센트를 보여줄 수 있다.

취업 면접을 볼 때는 긴장해서 준비한 말조차 머릿속에 떠오르지 않는 경우가 있다. 이런 상황을 방지하기 위해서, 대답을 몇 가지로 준비하는 것을 추천한다. 예를 들어, "왜 우리 회사에 지원했습니까?" "왜 이 산업(업계)에서 일하고 싶습니까?"라는 질문에 각기 다른 관점으로 세 가지 이유를 생각하고 연습한다. 그런 연습을 해둔다면, 많이 긴장한 상황에서도 세 가지 답변 중 두 가지, 정말 최악의 경우에도 한 가지는 대답할 수 있다.

면접 답변은 어떻게 구성하는가?

앞서 작성한 CAR 형식이 빛을 발하는 부분이 바로 면접이다. CAR 형식에 맞춰서 개발한 스토리는 그 자체로 훌륭한 면접 답변이다. 여기에 몇 가지 요령을 덧붙인다. 자신의 역량에 관한 질문들은 CAR 형식으로 답변할 수 있지만, "당신의 꿈은 무엇입니까?" "자신의 장단점은 무엇입니까?"처럼 몇몇 질문처럼 스토리 없이 대답만 해야 하는 경우가 있다. 가능하면 이런 질문에 대해서 세 가지 대답을 준비하길 권한다. 긴장해서 대답이 떠오르지 않는 경우를 대비하기 위한 것도 있지만, 3이라는 숫자가 주는 신뢰성 때문이기도 하다. 비즈니스 컨설턴트도 고객사에게 제안서나 결과를 보고할 때 결론을 뒷받침할 근거를 주로 세 가지로 준비하고, 세 가지 근거를 각기 다른 영역에서 하나씩 준비한다. 쉬운 예를 들면, '나는 멋진 사람이다'라는 주장에 대해서 '얼굴이 잘 생겼다(외모)', '학교에서 성적이 상위권이다(두뇌)', '축구를 잘한다(운동)'라는 세 가지 근거로 결론을 이끌어낸다. 각기 다른 영역에서 대답을 하나씩 준비함으로써 종합적으로 사고하는 사람이라는 인상을 줄 수 있다. 이런 방식을 면접에 적용하면 다음과 같다.

질문: 왜 우리 회사에 지원했습니까?

답변: 3가지 대답

① 저는 항상 제약회사에서 일하고 싶었습니다. 제약회사를 선호하는 이유는 ……. (산업 측면)

② ○○○제도를 통해서 직원의 커리어를 적극 육성하는 회사라는 생각이 들었고, 저도 제 커리어를 이곳에서 쌓고 싶습니다. (경력 측면)

③ 선배가 이 회사에서 근무하는데, 선배를 통해 들은 회사의 문화가 저와 잘 맞는다고 생각합니다. (문화 측면)

이렇게 다양한 분야에서 답변을 하면 면접관에게 좋은 인상을 줄 수 있다.

면접, 어떻게 연습하면 좋을까?

사람마다 선호하는 방법도 다르고 자신에게 효과적인 방법도 따로 있을 것이다. 하지만 핵심은 입 밖으로 소리 내어서 대답하는 연습을 많이 해야 한다는 것이다. 나는 면접 연습을 3단계로 나눠서 진행했다.

1단계: 툭 건드리면 나올 만큼 일상생활에서 중얼거린다

첫 번째 단계는 일상생활에서 많이 중얼거려서 면접 답변을 완전히 숙지하는 것이다. 자다가 누가 건드려도 나올 수 있을 만큼 답변을 계속 소리 내어 말한다. 예를 들어, 샤워하면서도 설거지하면서도 가볍게 혼자서 중얼거리는 것이다. 하지만 스크립트를 작성해서 달달 외우는 방법은 추천하지 않는다. 실제 면접에서 긴장하면 스크립트가 생각나지 않는 경우도 많고, 생각이 나지 않으면 그 순간 당황하게 된다. 말할 내용과 순서를 생각하면서 자신의 언어로 연습한다. 연습할 때마다 문장이 조금씩 달라질 수 있다. 다만, 자신이 전달하려고 하는 메시지를 정확히 인식하고 꾸준히 연습하면 된다.

2단계: 거울이나 동영상 촬영으로 자신의 모습을 확인한다

면접에서 말할 내용을 거의 완벽히 숙지한 후에 나는 두 번째 단계로 거울을 보면서 연습했다. 내용이 준비된 상태에서 상대방에게 내가 어떻게 비춰질지 그 모습을 점검하는 것이다. 자신의 모습을 동영상으로 촬영하는 것도 아주 좋은 방법이다. 처음에는 동영상에 나오는 자기 모습을 보면 아주 창피할 것이다. 나도 면접 연습을 촬영한 동영상을 보면서 '내 인상이 왜 이리 험하지, 웃는 연습을 해야겠네' '내 영어가 저렇게 이상한가?' '왜 시선을 저기 두지?' 등 마음에 안 드는 부분투성이였다. 다시 보고 싶지 않을 정도로 적나라한 내 모습을 보면서 가슴이 쓰렸지만, 이 모습을 절대 면접관들에게는 보이지 않겠다고 다짐했다. 자신의 모습을 객관적으로 보고 수정하고 다시 촬영하고 수정하는 과정을 거치다 보면 분명 더 자연스럽게 개선된 모습을 볼 수 있다.

3단계: 가상 면접관 앞에서 면접 예행 연습을 한다

1단계와 2단계가 어느 정도 마무리되면, 마지막으로 나는 다양한 주변 사람들 앞에서 예행 연습을 했다. 엄마라도 괜찮고 동생이라도 괜찮다. 선배나 친구도 좋다. 상대방이 취업 면접에 대해 잘 몰라도, 일본어나 영어를 잘 알아듣지 못해도 괜찮다. 누군가 앞에 앉아서 내 말을 듣는다는 것 자체가 또 다른 상황을 연출하기 때문이다. 또한 내 앞에 누군가 앉아 있으면 상대방과 어떻게 눈을 맞춰서 대화할지 시선 처리를 연습할 수 있다. 일본어를 전혀 모르는 엄마 앞에서 연습하더라도, 엄마는 지원자의 태도나 얼굴 표정 등에 관한 의견을 줄 수 있다.

추가 단계: 가능하면 일본인에게 점검을 받아라

마지막으로, 일본 회사에서 면접을 볼 때 (특히 신입사원의 경우) 기회가 된다면 일본인에게 최종 점검을 받는 게 좋다. 일본이라는 사회는 정해진 형식과 규칙 안에서 움직이는 사회다. 특히 비즈니스 면담이나 회의에서 많은 일본인들은 정해진 형식에 따라 말하고 행동한다. 예를 들어, 내 일본인 남편이 거래처 사람과 통화하는 것을 들어보면, 우리 회사의 일본인 남자 직원이 거래처와 통화하는 모습과 놀라울 정도로 비슷하다. 말하는 어조, 대화의 형식을 비롯하여, 사용하는 경어도 아주 비슷하고 어떤 말로 대화를 시작하고 어떻게 통화를 마무리 짓는지 그 방법도 비슷하다. 다시 말해서, 일본의 비즈니스 매너에는 정해진 형식이 있다는 것이다. 안타깝게도 이 정해진 형식을 누구도 "이렇게 하세요"라고 알려주지 않는다. 일본인들도 선배들을 보면서 자연스럽게 몸에 익히고 배우는 것이다. 그런 이유에서, 인사법, 자기소개 문구, 자세 등의 면접 예절을 일본인의 시각에서 점검받는 것이 필요하다.

TIP 04

일본어 면접에 자주 나오는 질문(신입사원 편)

1. 自己PR(自己紹介)をしてください。

   자기 PR(자기소개)를 해주세요.

2. 一言でいうと、あなたはどんな人ですか?

   한 마디로 말하면, 당신은 어떤 사람입니까?

3. あなたのモットーは何ですか?

   당신의 좌우명은 무엇입니까?

4. あなたの長所は何ですか?

   당신의 장점은 무엇입니까?

5. あなたの短所は何ですか? 短所をどのように克服してきましたか。

   당신의 단점은 무엇입니까? 단점을 어떻게 극복해왔습니까?

6. あなたが今までで一番嬉しかったことは何ですか。

   지금까지 가장 기뻤던 것은 무엇입니까?

7. あなたが今までで一番つらかったことは何ですか。

   지금까지 가장 힘들었던 것은 무엇입니까?

8. あなたが今まで一番一生懸命だったことは何ですか。

   지금까지 가장 열심히 했던 것은 무엇입니까?

9. 学生時代に最も力を入れたこと、最も努力したことは何ですか。

   학창시절에 가장 힘을 쏟은 것, 가장 노력한 것은 무엇입니까?

10. なぜ、今の学部を選んだのですか。

    왜 지금의 학부를 선택했습니까?

11. あなたのサークルは、どんな活動をするサークルなのですか。

당신의 서클(동아리)는 어떤 활동을 하는 동아리입니까?

12. なぜ、そのサークル（スポーツ）をやろうと思ったのですか。

왜 그 동아리(스포츠)를 해야겠다고 생각했습니까?

13. サークル活動で一番楽しかったこと、一番困難だったことは何ですか。

동아리 활동에서 가장 즐거웠던 것, 가장 어려웠던 것은 무엇입니까?

14. どんなアルバイトをしましたか。そこから何を学びましたか。

어떤 아르바이트를 했습니까? 아르바이트를 통해 무엇을 배웠습니까?

15. 趣味について教えて下さい。

취미에 대해 알려주세요.

16. あなたの特技は何ですか。

당신의 특기는 무엇입니까?

17. なぜこの資格を取ろうと思ったのですか。

왜 이 자격증을 따야겠다고 생각했습니까?

18. 志望動機を教えてください。

지원동기를 알려주세요.

19. なぜ、この業界を志望するのですか。

왜 이 업계를 지망합니까?

20. なぜ、この職種を志望するのですか。

왜 이 직종을 지망합니까?

21. 当社を知ったきっかけは何ですか。

우리 회사를 알게 된 계기는 무엇입니까?

22. 入社後、具体的にやってみたい仕事は何ですか。

입사 후, 구체적으로 하고 싶은 일은 무엇입니까?

23. その仕事にはどんな資質・能力が求められると思いますか。

그 일에는 어떠한 자격과 능력이 필요하다고 생각합니까?

24. 希望の配属先に行けなかったら、どうしますか。

희망하는 곳에 발령 나지 않으면 어떻게 하겠습니까?

25. あなたが入社したら、当社にどんなメリットがありますか。

당신이 입사한다면, 우리 회사에 어떤 장점이 있습니까?

26. あなたの夢は何ですか。

당신의 꿈은 무엇입니까?

27. あなたにとって就職とは何ですか。あなたの就職観を教えてください。

당신에게 취업이란 무엇입니까? 당신의 직업관을 알려주세요.

28. 企業選びの基準を教えてください。

기업을 선택하는 기준을 알려주세요.

29. 他どんなところを受けていますか。

타사는 어떤 곳을 진행하고 있습니까?

30. 他社はどの程度進んでいますか。

타사는 어느 정도 진행되고 있습니까?

31. 当社に落ちたら、どうしますか。

우리 회사에 떨어지면 어떻게 하겠습니까?

32. すでに内定したところはどこかありますか。

이미 내정 받은 곳(합격한 곳)은 있습니까?

33. 当社は第一志望ですか。

우리 회사가 제1지망입니까?

34. 最近読んだ本で、最も興味をもったものはなんですか。

최근 읽은 책 중, 가장 흥미 있었던 책은 무엇입니까?

35. 今日の新聞で、最も興味を持った記事を教えてください。それについて、どんな意見を持っていますか。

오늘 신문에서 가장 흥미를 가진 기사를 알려주세요. 그것에 대하여 어떤 의견을 가지고 있습니까?

영어 면접에서 자주 나오는 질문

가장 자주 묻는 일반적인 질문

- Walk me through your résumé.
- Tell me about yourself.
- What do you consider to be your greatest strengths/weaknesses?
- If I were to ask your last manager to share your per formance evaluation with me, in which areas would s/he tell me you excelled? In which areas would you need improvement?
- What is the toughest (analytical) problem you faced? How did you solve it? What would you do differently?
- What are your career goals five years from now?
- Why do you want to work for our firm? **OR** Why should I hire you?
- Tell me about a project in which you exercised a leadership role? What were the group dynamics? What were the successes, failures, key learnings? **OR** Give me a specific example of how you demonstrated initiative. What caused you to initiate this action? What were the results?
- What has been your greatest success? What has been your greatest failure?
- What other opportunities are you looking at?

회사 관련 질문

- How did you decide to seek a position with this company?
- What criteria are you using to evaluate the company for which you hope to work?
- Why do you want to work for us?
- Why are you interested in this industry? This particular company?
- What have you read about our company or our products lately, outside of regular recruiting material?
- In what kind of work environment are you most comfortable?
- Why is the lifestyle of this job right for you?
- How do you foresee the future of our industry? What action do you think industry leaders should take?
- How would you compare our firm(industry) with others you are interested in?

학업 관련 질문

- Why did you select your college or university?
- What led you to choose your undergraduate major?
- If you were planning to go in to business, why did you major in history(or some other non-business major) at the undergraduate level?
- Which subject in college or business school did you like best? Least **OR** Which subject was most challenging?
- What have you learned from participation in extracurricular activities?

- Tell me about a favorite extracurricular activity.

경력 관련 질문

- What was your most significant work accomplishment?
- What did you learn from your work experience?
- What are the attributes of an ideal job for you?
- Tell me about a boss you especially liked and why.
- How would your most recent boss describe you?
- What was your biggest work problem?
- What did you like least about your last job?
- You seem to have the analytical(financial, technical, interpersonal, etc.) skills. What makes you think you could handle the marketing(line management, leadership, etc.) requirements of the job?
- Tell me about a recent experience where you had to persuade someone to accept your idea or proposal.
- Describe a situation in which you were able to build team spirit during a time of low morale.

TIP 05

외국인과의 결혼생활은 어떤가요?

일본 남자와 결혼해 살고 있어서, 내게 일본 남자와의 연애나 결혼 생활에 대해 묻는 사람이 꽤 있다. 연애와 결혼이 상대의 '국적'보다는 '성격과 가치관'에 영향 받는 부분이 크기 때문에 일반화해서 말하기는 쉽지 않다. 그래도 일반적으로 다른 점을 이야기하자면, 일본 남자들은 한국 남자들처럼 매일 연락하고 챙기는 스타일은 아닌 것 같다. 회사에 20대 후반의 일본 남자 동료가 있는데, 한국인 여자와 연애를 시작하면서 내게 종종 연애 조언을 구하고 있다. 대부분의 상담 내용은 자신이 연락을 안 해서 여자친구가 화가 났다는 것이다. 여자친구는 눈 뜨면 아침에 연락하고 점심을 먹으면서 연락하고 저녁에 통화하는 등 하루에도 몇 번씩 메시지를 주고받기를 원하는데, 내 일본인 동료는 왜 그렇게 자주 연락해야 하는지 모르겠다고 하소연한다. 일본 남자와 연애하는 한국 여자들은 처음에는 '이 사람이 내게 관심이 없나?'라고 느끼는 경우도 많은 것 같다. 일본 남자들은 연애를 할 때도 상대방의 사생활이 있다고 생각하는데다 대부분 독립적인 성향이다. 연락을 자주 안 한다거나 한국 남자들보다 애정 표현이 적더라도 문화적인 차이라고 생각하고 이해하는 게 좋을 것 같다.

도쿄에는 일본인뿐만 아니라 다른 국적의 외국인과 결혼한 한국인을 많이 볼 수 있다. 일본인을 포함한 외국인과의 결혼에서 장점은 아무래도 시댁과의 관계를 들 수 있다. 확실히 한국의 시부모에 비해서 일본 시부모는 자식의 결혼생활에 덜 간여하는 것 같다. 나의 경우에도 시부모와 1시간 거리에 살고 있지만, 1년에 서너 번 생신이나 가족행사 때 얼굴을 뵙는 것이 전부이고, 우리 부부가 초대하지 않으면 절대 집에 오시지 않는다. 시어머니도 내게 항상 깍듯하게 대해주시고, 내 생활에 간섭하지 않는다. 처음에는 내가 외국인이고 불편해서 거리를 두시는 줄로 생각했는데, 주변에 결혼한 일본인 동료들에게 물어봐도 별다르지 않았다. 일본에도 고부갈등이 없는 것은 아니지만, 한국보다는 훨씬 적다. 일본인들은 우리나라보다 부모-자식 관계가 더 독립적이기 때문인 것 같다. 일본인들은 대학교를 졸업하면 대부분 부모로부터 독립해서 살고, 우리나라처럼 결혼할 때 부모의 금전적 도움을 받는 일도 거의 없다. 일본인의 성향 탓도 있고, 결혼할 때 전세자금 같은 큰돈이 들어가지 않기 때문인 것도 같다.

한국과 다르게, 일본인들은 자신에게 맞는 다양한 방식으로 결혼식을 한다. 혼인신고를 하면서 동거를 시작하고 나중에 상황이 될 때 결혼식을 하는 경우가 많다. 주변의 대다수 일본인들이 혼인신고를 하고 같이 살기 시작했고, 결혼식을 반년이나 몇 년 후에 올렸다. 일본인들은 한국인들처럼 결혼식에 집착하지 않는다. 예전 직장의 상사는 아이가 다섯 살인데도 아직까지 결혼식도 안 했고 신혼여행도 안 갔다. 많은 사람들을 초청해 결혼식을 하는 경우도 있지만, 가족과 친구 몇 명만 불러서 레스토랑에서 20~30명 정도의 인원으로 간략하게 식을 치르는 사람들도 많다.

05

취업박람회와 채용 에이전시를 통해 나를 알려라

일본 취업의 관문인 이력서와 면접을 준비했다면, 이번에는 준비된 나를 판매하려면 어디로 가야 할지 알아보자. 외국인으로서 일본 회사에 어떻게 접근하고 어떻게 나를 알릴 수 있을까? 앞서 취업은 마케팅과 같다고 했다. 아무리 매력적인 상품이라도 해도 제대로 홍보되지 않으면 아무도 그 상품을 사지 않을 것이다. 취업도 마찬가지다. 내가 아무리 능력이 출중하고 준비된 지원자라고 해도 나를 알리고 세상에 드러내지 않으면 취업 확률은 떨어진다.

해외 취업을 준비하는 사람들은 가고 싶은 회사에 이력서를 넣고 뽑아주기만 기다리는 소극적인 태도에서 벗어나서, 좀 더 적극적으로 다양한 취업박람회와 이벤트에 참가해서 여러 회사와 접촉해야 한다. 취업박람회에 참가해 많은 회사를 만나는 것 자체가 큰 공부가 되고 면접 연습이 된다. 또한 적극적으로 자신을 홍보하는 지원자를 싫어하는 회사는 없다.

최근 일본의 노동력 부족이 심각해지면서, 우수한 한국 학생들을 채용하기 위해 한국을 방문하는 일본 기업들도 증가하고 있고 일본 취업박람회도 자주 열린다. 한국에서 열리는 일본 기업들의 취업박람회에 부지런히 참가하면 큰 도움이 될 것이다. 하지만 아무래도 한국에 오는 기업들은 한정되어 있고, 자신이 원하는 일본 회사가 한국에서 열리는 취업박람회에 꼭 참가한다는 보장도 없다. 결국, 일본으로 가서 취업활동을 하는 적극적인 방법을 고려해야 한다. 일본은 비행기로 2시간 이내에 갈 수 있는 나라다. 의지만 있다면 얼마든지 일본 현지에서 자신을 홍보할 수 있다. 이 장에서는 일본 현지에서 열리는 취업박람회와 현지 채용 에이전시들을 소개한다. 그렇다면, 나를 뽑아줄 일본 회사들은 어디에 있을까? 어디로 가면 될까?

신입 채용은 정해진 일정에 따라 진행된다

일본에서 대학교 졸업 예정자를 대상으로 하는 신입사원 채용은 대부분의 회사가 정해진 일정에 따라 진행된다. 우리나라의 전경련과 비슷하게 일본에는 '일본경제단체연합(日本経済団体連合会, Japan Business Federation, 약칭으로 경단련經團聯이라 부른다)'이 있다. 일본의 대기업을 중심으로 1,376개 사가 경단련의 회원사이다. 이 연합에 속한 회원사들은 연합이 정하는 일정에 따라 신입사원 채용을 진행한다. 채용 일정을 일원화함으로써 대학생들의 지원 혼선을 막아 학업에 대한 지장을 줄이고, 기업 측에서도 효율적으로 채용을 진행할 수 있도록 하기 위해서다.

신입사원 채용 일정을 확인하라

매년 경단련에서 신입사원의 채용 일정을 발표하고 있는데,

일정이 조금씩 다른 경우도 있지만 대략적으로는 다음과 같다. 최근 3년간 일정이 동일하게 진행되고 있어서 다음 일정을 참고하면 된다.

일본의 4월은 우리나라의 3월과 비슷하다. 4월부터 대학교의 학기가 시작되고 신입사원들은 4월 1일부터 출근한다. 4월에 입사할 사원의 구직활동은 입사 약 13개월 전, 즉 대학교 4학년이 되는 해의 3월부터 시작된다. 기업설명회, 면접 등 모든 일정이 약 6개월간 진행되고, 10월쯤에 내정식이 진행된다. 참고로, 일본에서는 '채용되었다'라는 말이 아닌 '내정(内定)받았다'라는 표현을 주로 쓴다. 내정식은 내정을 받은 학생들, 즉 채용된 학생들의 채용식 또는 입사식 같은 행사이다.

일본 기업의 신입사원 채용 일정

일정 (대학 4학년)	절차	내용
3~5월	엔트리Entry 작성, 기업설명회 참가	기업설명회에 참석하고자 하는 기업에 엔트리를 작성하여 제출하고, 기업설명회에 참석한다.(엔트리는 지원자가 해당 회사에 관심이 있으며 회사 설명회에 참석하겠다는 의사를 표시하는 것을 말한다.)
4~7월	엔트리 시트Entry Sheet 또는 이력서 작성	엔트리 시트를 작성해서 제출한다.
5~8월	필기시험 진행	필기시험이 있는 회사는 인터넷을 통해 시험을 실시한다.
6~9월	면접 진행	개인면접, 집단면접, 그룹토론 등의 형태로 진행한다.
10월	내정식	합격자를 대상으로 입사식을 진행한다

다음의 표는 2020년 (3월) 대학교 졸업생을 대상으로 작성된 일정표이다. 앞서 언급한 것처럼 신입사원 지원자의 경우 자기분석이 매우 중요하므로, 일본 대학생들은 대학교 3학년인 2018년 6월부터 자기분석, 업계 연구, 기업 연구를 시작한다. 이렇게 일본에서는 3학년 때부터 스펙을 쌓는 준비가 아니라 자기를 분석하고 희망 회사에 대해 파악하는 준비를 한다. 4학년이 될 때 어느 산업의 어느 기업에 가고 싶은지 대략적인 후보군을 도출하여 참가하고자 하는 기업설명회의 리스트를 만든다.

2020년 졸업자 대상 취업활동 일정표

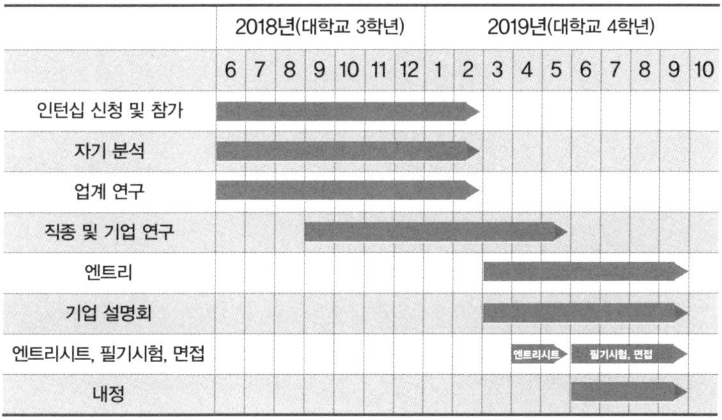

출처: 리쿠나비

경단련 소속이 아닌 기업들에 입사할 때는 이 일정을 꼭 따를 필요는 없다. 외국계 회사나 IT회사들은 일정에 상관없이 자체적으로 채용을 실시하는 회사가 많다. 하지만 경단련 소속 기업이 아니더라도 경단련이 정한 일정에 따라 기업설명회, 면접 등을 진행하는 회사들이 많으므로 매년 발표되는 일정을 주의 깊게 지켜볼 필요가 있다.

이렇게 일괄적으로 진행되는 신입사원 채용은 일본 취업을 노리는 한국 대학생들에게도 도움이 된다. 많은 회사들이 기업설명회를 거의 동시에 시작하기 때문에 설명회 시기에 맞춰서 일본을 방문하여 관심 있는 회사의 기업설명회에 참석하고(3월~4월 중), 면접 일정이 시작되면 그때 다시 일본을 방문하는 일정으로 일본에서 직접 취업활동에 참가할 수 있다.

채용설명회 참석은 필수다

일본 기업들이 경단련이 정한 채용 일정이 시작되면 제일 먼저 하는 것이 바로 채용설명회다. 채용설명회는 회사의 경영 철학이나 사업 내용을 설명하는 자리로, 해당 기업의 특징이나 분위기를 파악할 수 있다. 또한 몇몇 기업은 설명회 참석이 입사 필수 조건이다. 회사측 설명회에 참석한 학생에 한해 이력서 즉, 엔트리시트를 받는 곳도 있다. 참석 시에는, 당연한 이야기지만 정장 차림으로 참석해야 한다.

참고로, 일본 학생들은 '리쿠르트 정장Recruit Suit'이라는 검정색 상하의 정장에 흰색 와이셔츠 차림을 하고 검은색 구두를 신고 검은색 가방을 매는데, 참가자들이 거의 비슷하게 입는다. 일본 회사에 입사하려는 한국 학생들도 가방과 신발을 포함하여 일본 학생들의 복장과 비슷하게 준비해서 참석하길 권한다.

인턴십으로 일본 회사를 경험해보자

일본 회사들도 인턴십을 진행한다. 대개 대학교 3학년 때 인턴십에 참가하는데, 우리나라와 다른 점은 단기 인턴십이 많다는 것이다. 1주일이나 길게는 한 달, 심지어 하루나 이틀에 걸쳐 진행되는 인턴십도 있다. 즉, 인턴십을 통해 회사에서 일을 배운다기보다 분위기를 파악하는 정도라고 생각하면 된다. 하루 인턴십은 기업설명회와 다를 바 없다고 보면 된다. 일본 취업에 관심 있는 대학생 중에 시간적 여유가 있다면 다양한 회사의 인턴십에 참가해서 회사 분위기도 파악하고 회사에 대해 알아가는 것도 좋은 방법이다.

채용 시장에 변화의 바람이 일고 있다

변화 1 - 일괄적 채용 일정을 탈피하다

정해진 일정대로 진행하던 신입사원 채용 시장에도 최근 조금씩 변화가 일고 있다. 일본의 인력 부족이 심각해지면서 단 한 명이라도 좋은 인재를 끌어오려고 채용 관행을 깨는 기업들이 등장하고 있다.

경단련이 정한 일정에 따라 일괄 진행되던 채용 방식이 조금씩 무너지고 있다. 기업들이 하루라도 먼저 우수한 인재를 확보하기 위해 면접 일정 시작 전에 내정(합격)을 약속하는 기업이 점점 늘고 있기 때문이다. 경단련이 정한 2018년의 공식 일정에 따르면, 6월부터 면접이 시작된다. 그러나 2018년 6월 시점의 내정률은 이미 65.7퍼센트다. 2018년 졸업생(2017년에 채용을 진행한 학생들) 중 면접 일정 시작일인 2017년 6월 1일에 내정을 받은 학생의 비율이 61.9퍼센트였다. 즉, 작년과 올해 면접 일정 시작 전에 3분의 2 정도의 학생이 이미 회사에 합격했다.

이에 더하여, 신입사원 채용 관행이 시대에 맞지 않는다는 목소리도 나오고 있다. 대학교 4학년뿐만 아니라 이미 졸업을 했으나 개인적인 사정으로 인하여 신입사원 채용 시기를 놓친 일본인 학생이나 외국인 학생, 외국에 유학 중인 일본 학생 등을 고려해야 한다는 의견이 나오면서, 모든 기업이 일괄적으로 동시에 진행할 게 아니라 좋은 지원자가 있을 때는 언제든 채용하는 형태로 바뀌어야 한다는 주장이 힘을 받고 있다. 이에 따라 경단련에서도 2021년 4월에 입사할 학생들을 대상으로 2020년부터 진행될 일정을 재검토하기 시작했으며, 2018년 가을에 앞으로 신입사원 채용을 어떻게 진행할 것인지 발표할 예정이다.

변화 2 - 채용 연령이 확대되다

다양한 인재를 확보하기 위해 신입사원의 채용 연령을 넓히는 기업들이 있다. 대학 졸업 후 3년 이내로 신입사원의 지원자격을 제한하는 기업이 대부분이었다. 하지만 손해보험사인 솜포재팬Sompo Japan이나 리쿠르트 홀딩스Recruit Holdings 등 몇몇 회사들이

응시자격 연령을 만 29세까지로 넓혔고, 이미 취업 경력이 있는 사람도 만 29세 이하라면 응모할 수 있게 했다. 이러한 변화는 대학 졸업 후에 창업이나 어학연수, 해외봉사활동 등의 경험을 하느라 취업 시기를 놓친 학생을 비롯해 다양한 경험을 한 인재를 받아들이기 위해서다. 우리나라 학생들에게도 좋은 소식이 아닐 수 없다. 특히 군입대로 인해 졸업이 늦어진 우리나라 대학생들도 일본 신입사원 채용에 도전할 수 있게 되었다.

변화 3 - 실력에 따라 높은 연봉을 준다

일본 신입사원의 연봉은 대기업, 중소기업 등 회사 규모나 업계를 막론하고 거의 비슷한 것이 특징이다. 그러나 최근 신입사원에게도 높은 연봉을 지급하는 기업들이 생기고 있다. 뛰어난 실력을 가진 학생에게는 차등적으로 연봉을 지급함으로써 인재를 확보하겠다는 뜻이다. 프리마켓 앱을 운영하는 일본의 유명한 메르카리Mercari라는 회사는 학생의 인턴십 실적을 입사 후 연봉에 반영시키는 제도를 도입했다. 인턴 학생에게 1개월 이상 기간 동안 업무를 경험하게 하고, 그 실적에 따라 신입사원의 초임에 수십 만 엔부터 많은 경우는 100만 엔(약 1,000만 원)을 추가로 지급한다. 특히 외국계 금융기관이나 IT회사를 중심으로 일률적인 초봉 제도를 폐지하고 있다. 능력에 따라 초임을 360만~960만 엔의 범위로 하도록 제도를 변경한 IT회사도 있고, 요즘 인기 있는 직종인 인공지능AI, Artificial Intelligence 관련 직종은 신입사원에게도

700만~800만 엔(약 7,000만~8,000만 원)을 지급하고 있다.

최근의 변화들은 일본 취업을 준비하는 학생들에게는 모두 유리한 소식이다. 관행과 규칙을 중요하게 생각하는 일본 기업들이 관행을 깨면서까지 인재 확보에 열을 올리는 것을 보면 현재 노동력 부족이 얼마나 심각한 상태인지 알 수 있다.

마지막으로, 일본 신입사원 채용을 준비하는 대학생 중에 6개월 이상의 시간적 여유가 있다면 일본 유학비자나 어학연수, 워킹홀리데이 비자를 통해 6개월~1년 정도 머물면서 취업을 준비하는 것도 좋은 방법이 될 수 있다. 한국에 있는 것보다는 일본에서 지내는 것이 일본어 실력도 훨씬 빨리 늘 수 있고, 일본 생활을 시험하는 기간으로 삼을 수도 있다.

경력직은 채용 에이전시를 활용하라

일본의 노동력 부족은 신입사원만의 이야기가 아니다. 일본의 노동력 부족과 경기 회복에 따른 고용환경 개선은 신입사원을 넘어 경력자의 이직시장까지 확대되고 있다. 이직자 수도 매년 증가하고 있어 2017년 311만 명으로 5년 전에 비해 25만 명 증가했다. 이전 직장보다 높은 급여를 받으면서 이직하는 사람의 수도 증가하고 있다. 2017년 직장인 대상 설문 조사에서 "이직을 통해 급여가 10퍼센트 이상 늘었다"는 응답이 29.7퍼센트로 5년 연속 증가했다. 또한 경력직 이직은 젊은 사람들만의 이야기는 아니다. 대기업의 40~50대 관리직이 벤처회사로 이직하는 경우도 활발하다. 나는 신입사원 시장보다 경력직원 시장이 더 매력적으로 느껴진다. 신입사원은 연봉상 장점이 별로 없지만, 경력직의 경우 연봉 수준이 한국의 동종업계보다 높은 기업이 많기 때문이다.

채용 에이전시로 구직활동을 시작하라

그럼 경력직 지원자는 어떤 경로로 일본의 회사들을 찾을 수 있을까? 기본적으로 일본은 우리나라보다 헤드헌팅, 즉 채용 에이전시 시장이 발달되어 있어서 경력직 구직자는 대부분 채용 에이전시를 통해 회사를 찾는다. 요즘 일본의 경력직 이직시장이 활발해지면서 새로운 에이전시들이 많이 생기고 있다. 구직자가 가고 싶은 회사에 직접 지원할 수도 있겠지만, 대부분의 일본 기업들은 경력직원이 필요할 때 채용 에이전시에 의뢰하기 때문에 에이전시가 갖고 있는 채용 정보가 많다.

채용 에이전시에 따라 거래하는 기업과 분야가 다르기 때문에 몇몇 에이전시에 등록하는 것이 좋다. 모든 산업에 걸쳐서 채용을 진행하는 대형 에이전시들도 있고, IT, 제약, 컨설팅, 금융 등 특정 산업에 특화된 에이전시들도 있다. 최근에는 채용 에이전시도 점점 세분화되는 추세여서, 대형 에이전시에서도 구직자를 세분화하여 특정 대상군을 중점으로 하는 자회사나 브랜드를 설립하고 있다. 예를 들어, 20대 경력직 구직자를 주요 고객으로 하는 에이전시, 이과 계열 구직자를 대상으로 하는 에이전시, 여성 지원자를 주요 고객으로 하는 에이전시 등이 생기고 있다.

외국계 기업을 희망하는 사람이라면 일본계 에이전시보다는 외국계 에이전시를 이용하는 것이 좋다. 외국계 에이전시가 외국계 기업을 많이 보유하고 있기 때문이다. 또한 외국계 에이전시의 경우 영어 이력서 제출을 요구하는 경우가 많으므로 평소에 잘 작성된 영문 이력서를 준비하고 있어야 한다.

에이전시에만 맡기지 말고 발로 뛰며 직접 알아보라

주의할 점은 에이전시에 일하는 사람들이 인사 전문가나 해당 기업을 잘 아는 전문가가 아닌 경우가 종종 있다는 것이다. 특히 외국계 에이전시에서 일하는 직원들 중의 상당수가 외국인이며, 이들 중에는 일본어를 전혀 하지 못하고 일본 기업이나 문화에 대한 이해가 적은 사람들도 꽤 있다. 그래서 자신이 담당하는 회사에 대해 잘 알지 못하면서 단순히 '매칭'만 하는 사람들도 있다. 아이러니하게 들리겠지만, 에이전시가 채용 정보를 가지고 있고, 중간에서 채용을 진행하는 회사와 커뮤니케이션을 담당하기 때문에 구직자의 입장에서는 어쩔 수 없이 에이전시들을 이용할 수밖에 없다. 에이전시를 이용해서 이직을 진행하더라도 취업자 자신이 최대한 그 회사에 대하여 알아보기를 권한다. 그럼 일본에는 어떤 채용 에이전시들이 있을까?

일본의 대표적인 채용 에이전시

대형 종합 에이전시

일본계 대형 에이전시로는 리쿠나비, 마이나미, 비즈리치가 있다. 이 3대 에이전시에 등록된 회사의 수는 1만 개 이상으로, 다양한 산업에 걸쳐서 채용을 진행한다. 각 에이전시의 홈페이지에는 이력서 샘플, 직무경력서 샘플 등의 취업 정보가 게재되어 있으므로, 일본 취업을 준비하는 사람이라면 꼭 한 번씩 방문해야 한다.

- 리쿠나비(https://www.rikunabi.com/)
- 마이나미(https://www.mynavi.jp/)
- 비즈리치(https://www.bizreach.jp/)

특정 산업에 특화된 에이전시

- 원티들리Wantedly(https://wantedlyinc.com/ja)

2012년에 설립된 신생 회사이지만, 단기간에 많은 회원 수를 확보했다. 구직자의 절반 정도가 엔지니어, 디자이너 등 IT 부문의 경력자들이다.

- 엔지니어링 슈카쓰Engineering Shukatus(https://engineer-shukatu.jp/)

엔지니어 채용을 전문으로 하는 에이전시로, 특히 신입사원 채용을 주로 진행한다.

- 가이시 슈카쓰Gaishi Shukatsu(https://gaishishukatsu.com/)

외국계 기업 채용에 특화된 에이전시로, 일본에서도 학력과 경력이 우수한 사람들이 주로 등록한다.

- 굿파인드Goodfind(https://www.goodfind.jp/)

일본의 벤처회사나 스타트업에 특화된 에이전시로 등록한 회원의 약 80퍼센트가 명문 대학교의 학생이다.

- 드라이브 커리어Drive Career(https://drive.media/career)

벤처회사, 스타트업, 비영리단체NPO, Non-Profit Organization의 채용을 전문으로 하는 에이전시다.

- 츠노루Tsunoru(https://job.tsunoru.jp/)

사원 1,000명 이하의 중소기업에 특화된 에이전시다.

외국계 채용 에이전시

로버트 월터스, 헤이즈, 마이클 페이지 등은 다양한 산업에 걸친 외국계 기업의 채용을 주로 진행하고, 웨일 앤 케이스는 외국계 기업 중에서도 특히 IT회사들의 채용을 진행하고 있다.

- 로버트 월터스Robert Walters(https://www.robertwalters.co.jp/)
- 헤이즈Hays(https://www.hays.co.jp/)
- 마이클 페이지Michael Page(https://www.michaelpage.co.jp/)
- 웨일 앤 케이스Wahl and Case(https://www.wahlandcase.com/)

이외에도 채용 에이전시의 수는 셀 수 없을 정도로 많다. 경력직 구직자는 위에서 언급한 에이전시들에서 채용 정보를 얻되, 자신이 가고 싶은 회사나 산업에 대해 정확한 기준을 가지고, 스스로 회사에 대해 알아보는 노력을 병행해야 한다. 대부분의 에이전시에서 일하는 직원들은 이직 성사 여부에 따라 수수료를 받는다. 그런 점에서 간혹 생각 없이 이직 정보를 뿌린다거나 구직자에게 이직을 매우 강하게 권유하는 경우가 있다. 구직자의 커리어를 진심으로 생각하는 사람들도 있지만, 아닌 경우도 있기 때문에 주의하기 바란다. 결국 본인의 커리어는 자기 자신이 결정하고 책임져야 한다.

다양한 취업박람회에 참가하라

박람회에 참가해서 구체적인 정보를 구하라

일본에서는 많은 취업박람회가 열린다. 최근의 취업박람회는 지원자를 세분화하여 특정 타겟을 대상으로 개최되고 있으며, 도쿄뿐만 아니라 오사카, 나고야 등 일본 각지와 해외에서도 개최되고 있다. 취업박람회에 참가하면 얻을 수 있는 가장 큰 장점은, 그 회사 사람과 직접 이야기를 나누면서 회사 정보를 구체적으로 얻을 수 있다는 것이다. 경력직 구직자의 경우 주로 채용 에이전시를 이용하는데, 에이전시 직원을 통해서 듣는 정보는 제한될 수밖에 없다. 일본에서 이직활동을 할 때 나도 에이전시에서 들은 정보와 면접에서 들은 정보가 달라서 당황한 적도 있었고, 내가 담당 에이전시 직원에게 해당 회사의 정보를 알려준 적도 있었다. 회사 직원과 직접 만나서 이야기하는 것이 그 회사에 대해 알 수 있는 가장 빠른 길이다. 따라서, 신입과 경력을 막론하고, 한국에서 열리는 취업박람회를 포함해서 일본에서 열리는 취업박람회에도 적극 참가하는 게 좋다.

취업박람회 참가 전에 어떤 기업이 참가하는지 확인하고 미리 그 회사와 업계에 대해 조사할 필요가 있다. 나 역시 근무했던 컨설팅 회사에서 신입사원 채용을 위해 취업박람회에 참가한 적이 있다. 회사 측 담당자로 참석해 보니, 컨설팅 회사가 무엇을 하는 곳인지, 우리 회사가 어떤 곳인지 아무 정보도 없이 와서 대화를 시작하는 학생보다는 조금이라도 회사에 대해 공부하고 참가한 학생에게 좋은 인상을 갖게 된다. 회사 홈페이지에 한 번이라도 들어가보면 알 수 있는 뻔한 정보를 묻는 학생들을 만나면 성의가 없다는 인상을 받는다. 취업박람회라는 아주 귀중한 기회를 이용하기 전에 지원자로서 최소한의 준비를 하길 바란다.

일본의 대표적인 취업박람회

커리어 포럼Career Forum : 2개 국어 사용자 대상의 취업박람회

커리어 포럼은 매년 일본을 포함하여 로스앤젤레스, 상하이, 보스턴, 런던 등 해외 각지에서 취업박람회를 진행한다(https://careerforum.net/en/). 참가 회사들은 일본 기업들이며, 이 박람회의 주된 타겟은 일본어와 영어가 모두 유창한 2개 국어 가능한bilingual 지원자들이다. 따라서 경영컨설팅 회사와 같은 전문적인 서비스를 제공하는 회사들이나, 일본 회사이지만 영어가 많이 필요한 업무에 필요한 인재를 뽑기 위한 회사들이 많이 참가한다.

내가 근무했던 컨설팅 회사에서도 파트너와 매니저(컨설팅 프로젝트를 책임지고 이끌어가는 사람) 1~2명이 매년 미국에서 유학 중인 학생들을 만나기 위해 보스턴까지 갔다. 컨설팅 회사에서 파트너와 매니저는 상상 이상으로 시간당 급여가 높은 사람들이다. 그런 그들이 일부러 며칠 시간을 내서 미국 보스턴까지 날아가는 이유는 그만큼 똑똑하고 훌륭한 인재를 채용하는 것이 회사의 실적과 연결되기 때문이다. 회사 측에서도 가능하면 현지에서 많은 지원자들을 만나 채용하고 싶어 하며, 실제로 매년 입사하는 사원의 상당수가 보스턴 커리어 포럼을 통해 채용되었다. 내가 근무했던 회사에서는 도쿄 지사 직원들이 모두 영어를 유창하게 해서, 일본어가 유창하지 않더라도 회사 측에서 아주 마음에 드는 학생은 채용했다.

이 커리어 포럼은 신입과 경력에 상관없이 참가할 수 있고, 참가 회사 측 사람들도 대부분 영어로 커뮤니케이션이 가능하기 때문에 일본어 준비가 덜 된 사람도 영어에 자신이 있다면 참가할 수 있다.

또한 부서에서 어느 정도 일본어 실력이 필요한지는 회사 사람에게 직접 묻는 것이 가장 정확하다. 예를 들어, 현재 필자의 남편이 근무하는 외국계 은행에서는 채용 자격요건에는 분명히 '일본어 유창'이라고 명시되어 있다. 하지만 남편에게 들은 이야기에 따르면, 일본어를 잘하면 잘할수록 좋지만, 영업직이 아닌 경우에는 일본어가 조금 어눌해도 영어를 유창하게 하고 좋은 경력의 지원자라면 뽑는다고 한다. 내부 직원들과 영어로 의사소통을 하면 되기 때문이다.

잡 하쿠Job Haku: 외국인 및 유학생 대상의 취업박람회

잡 하쿠는 채용 에이전시인 파소나PASONA에서 진행하는 외국인 및 유학생 대상의 취업박람회다(https://job-haku.com/). 잡 하쿠는 수시로 진행되는데, 도쿄, 오사카뿐만 아니라 나고야, 후쿠오카에서도 개최되며, 회사별 기업설명회도 진행하고 일본 취업에 유용한 정보와 요령을 전달하는 세미나도 열고 있다. 나도 회사 측 담당자로 참석한 적이 있는데, 일본에서 어학연수를 하거나 유학 중인 외국인들이 대부분이어서, 일본어가 유창한 학생들이 많았다.

취업 에이전시들이 개최하는 취업박람회

마이나비My Navi, マイナビ, 도다DODA, 파소나PASONA 등 많은 기업 고객을 보유한 에이전시들이 기업을 직접 초청하여 구직자들을 만날 수 있는 기회를 제공한다. 취업 에이전시 홈페이지를 정기적으로 방문해서 취업박람회가 열리는지 확인하면 좋다.

준비된 상태에서 취업박람회에 참가하라

다시 한 번 강조하고 싶은 점은, 취업박람회에 참가할 때 '그냥 한번 가보지'라는 마음으로 참가하면 안 된다는 것이다. 이력서와 면접을 어느 정도 준비한 상태에서 참가하는 게 좋다. 기업들도 적극적인 채용 의사를 가지고 참가하기 때문에, 마음에 드는 지원자를 보게 되면 그 자리에서 바로 면접을 진행한다. 그렇지 않더라도, 면접이라고 말하지는 않지만 그 자리에서 나눈 이야기를 통해 지원자를 판단하고 정식 면접에 초대한다. 지원자 입장에서도 취업박람회에 참가해서 회사 측과 이야기를 나누는 것 자체가 면접 연습이 된다. 처음에는 긴장되고 떨리지만 몇 번 하다 보면 좀 더 편안해진다. 일본 회사의 직원과 만나서 일본어로 이야기 나누는 것이 쉽지만은 않을 것이다. 하지만 어느 누구도 처음부터 잘하는 사람은 없다. 용기 내서 조금씩 도전하고, 그 과정에서 배우다 보면 어느 순간 자신 있게 말하는 자신을 발견할 수 있다.

네트워크를 잘 관리하라

이 장에서는 경력직 채용과 관련하여 최근 트렌드와 요령을 공유하고자 한다. 이 책을 읽는 독자가 일본에서 신입사원이나 경력사원으로 일하게 된다면 정말 축하할 일이다. 하지만 일본에서 취업했다고 그걸로 끝이 아니다. 자신의 커리어 관리를 위해, 회사 내부 및 외부의 사람들과 좋은 관계를 유지하며 네트워크를 잘 구축해야 한다. 그 이유는 다음과 같다.

첫째, 추천 제도가 점점 확산되고 있다

추천referral(리퍼럴) 제도는 회사에 공석이 생기면 직원이 지인이나 친구를 후보자로 추천하는 인사 제도다. 내가 현재 일하는 회사도 추천 제도를 공식적으로 운영하고 있는데, 추천한 사람이 채용되는 경우에 추천한 직원에게도 금전적인 보상이 따른다. 예전 직장에서도 "희선, 혹시 우리 회사에서 일할 괜찮은 친구 없어? 그 친구 소개시켜 줄 수 있어?" 등의 요청을 많이 들었다. 내가 아는 일본인 중에서도 "희선 씨, 혹시 주변에 괜찮은 사람 없어요? 한국 사람들 중에 영어도 잘하고 일본어도 잘하는 사람 많던데"라는 말을 종종 들었다. 이 추천 제도는 새로운 제도는 아니지만, 최근 들어 많은 일본 기업들이 관심을 보이며 실행하고 있다.

나도 이전 직장인 컨설팅 회사에 인맥을 통해 입사했다. 미국 유학 당시 친하게 지냈던 중국인 친구가 그 컨설팅 회사의 파트너와 사적으로 아는 사이였다. 어느 날 그녀로부터 전화가 왔다.

"희선, ○○○컨설팅이라고 알아? 내가 지난 주에 거기 도쿄 지사의 파트너 ○○○를 만났는데, 어쩌다가 네 이야기가 나왔어. 파트너가 네 이력서를 한번 보고 싶어해. 이력서 보내고 한번 만나 볼래? 굉장히 글로벌화된 지사로 요즘 사업도 잘되는 것 같아."

이 전화 한 통으로 나도 ○○○컨설팅이라는 회사를 알게 되었고, 면접이 진행되었다. 추천 제도를 통한 채용과 이직은 기업과 지원자 양쪽 모두에게 장점이 많다. 회사와 지원자 양측 모두 서로에 대해 더 잘 알고 채용을 진행해서 취업 후 양측의 만족도가 높다. 내가 근무했던 컨설팅 회사에서는 채용 에이전시를 통한 채용도 많이 했는데, 에이전시를 통해 입사한 사람이 회사의 기대치에 못 미치는 경우가 많았다.

앞서 말한 것처럼 에이전시에서 일하는 직원들이 인사팀과 만나서 회사의 이야기를 듣기는 하지만, 담당자 자신도 그 회사에서 실제로 일한 적이 없기 때문에 단편적인 정보만 알고 있을 뿐이다. 반면, 현재 회사에서 근무하고 있는 사람으로부터 생생한 회사 이야기를 듣고 결정한 경우에는 만족도가 높을 수밖에 없다. 내가 현재 근무하는 일본 회사의 문화와 근무환경을 아주 마음에 들어 하는 예전 직장동료가 있었다. 회사에 소개해서 그 동료가 채용되었는데, 현재 우리 회사와 자신의 팀에 아주 만족하면서 다니고 있다.

둘째, 사람이 필요할 경우 먼저 회사 내부에서 찾는다

정말 괜찮은 직무의 공석이 생기면, 채용 에이전시에 의뢰하기 전에 내부 직원들 중에서 채용하거나 내부에 먼저 공고하는 경우가 있다. 예를 들어, 세계 최대 IT회사의 일본 지사에서는 채용 공석이 생기면 우선 사내 인트라넷, 즉 회사 내부에 먼저 공지해서 후보자를 찾기 시작한다. 내부에서 적합한 사람을 찾기 힘들면, 직원을 통해서 외부 사람을 추천받는다. 그래도 적합한 후보자가 없으면 채용 에이전시에 연락한다. 이런 경향은 특히 글로벌 사업을 추진하는 외국계 기업이나 IT 벤처회사에서 많이 볼 수 있다. 첫 번째 이유로는, 현재 회사에 근무하고 있어서 이미 자질이 검증된 사람들 중에서 채용하면 부담을 줄일 수 있다는 것이다. 두 번째 이유로는, 자질이 검증된 사람의 예전 직장동료나 학교 선후배 등도 어느 정도 비슷한 자질을 갖고 있을 것이라고 생각하기 때문이다.

셋째, 아주 꼼꼼하게 레퍼런스 체크를 한다

경력직 구직자의 채용을 확정한 후, 레퍼런스 체크reference check를 진행한다. 이 절차는 일본뿐만 아니라 우리나라를 포함하여 전 세계 공통으로 진행하는 것이다. 채용 제안을 한 후에 입사할 직원의 예전 상사나 동료에게 지원자에 대한 이야기를 듣는다. 우리나라에서도 경력직 구직자가 이직을 할 때 전 직장의 상사에게 지원자에 대해 확인을 하지만, 일본의 경우 훨씬 더 상세하게 묻는다. 어떠한 상황에서 지원자가 어떤 행동을 보였는지 상황별로 꼼꼼하게 점검하기 때문에 두리뭉실하게 무조건 좋다고 말하는 것이 쉽지 않다.

이러한 이유에서, 일본에서 취업하게 되더라도 네트워크를 꾸준히 관리하고 현재 일하는 회사에서도 좋은 평판을 얻을 수 있도록 하는 것이 중요하다. 일본뿐만 아니라 한국, 미국 등 어느 곳에서든 경력이 쌓이면 쌓일수록 자신의 네트워크를 이용해 이직하는 경우가 많고, 동종업계에서 일하다 보면 예전 직장동료를 다시 만나는 경우도 많다. 기회가 어떤 형태로 언제 어느 곳에서 올지 모르므로, 일본에서도 자신의 평판과 네트워크를 잘 관리하도록 하자.

TIP 06

일본 회사에서는 외국인 직원을 어떻게 대하나요?

일본 회사에서는 외국인이라고 특별히 다르게 대하지 않는다. 지원자가 외국인이라는 사실도 채용 여부에 상관이 없다. 지원자가 성과를 낼 수 있다고 판단해서 채용하는 것이지, 지원자가 한국인이어서 채용하는 것이 아니다. 이 책을 읽는 독자들도 일본 회사에서 근무하게 될 때 '나는 외국인이니까 이런 건 괜찮을 거야'라고 생각해서는 절대 안 된다. 입사 후에는 일본인 직원들 사이에서 자연스럽게 동화되는 것이 중요하다.

한 가지 예를 들면, 일본 회사에서는 비즈니스 매너를 중시한다. 입사 초기 신입사원은 비즈니스 매너 교육을 계속 받는다. 어떤 형식으로 이메일을 작성하는지, 경어를 적절하게 사용하는지, 회의실에서 어떻게 착석하는지, 명함을 어떻게 주고받는지 등 세세한 부분까지 신경 써서 몸에 익히도록 한다. 전화 회의를 할 때도 사용하는 경어, 처음 시작하는 말, 끝맺는 말 등 어느 정도 흐름이 정해져 있다. 이메일도 마찬가지다. 한국에서 쓰는 이메일과 비교하면 형식이 정해져 있다. 일본 회사에서 일하게 된다면, 일본인 동료들을 통해서 이런 부분을 관찰하고 몸에 익혀야 한다. 그렇게 해야 일본어도 더 잘하는 것처럼 보인다.

또 다른 특징은 일본인들은 어떤 일이든 한국인들처럼 빨리 빨리 진행하지 않는다는 것이다. 천천히, 그러나 형식과 매뉴얼에 맞춰서 꼼꼼하게 하나하나 점검하면서 진행한다. 그런 업무 방식 탓에 일본에서 일하는 한국인들 중에는 답답하다고 하소연하는 사람들도 있다. 하지만 로마에 가면 로마법을 따라야 하듯이, 일본에서 일한다면 이런 성향을 이해하고 자신도 맡은 일을 하나 하나 확인하며 좀더 세심하게 신경 써서 진행해야 한다.

입사한 사람이 외국인이라는 것을 직원들이 알고 있기 때문에 입사 초기에는 문화적 차이에서 오는 실수는 눈감아줄 것이다. 하지만 외국인이니까 괜찮을 거라는 생각을 버리고, 업무에서만큼은 내가 일본인보다 잘해서 한국인에 대한 이미지를 높여야겠다는 마음가짐으로 일하길 바란다.

06

일본어와 영어를 같이 준비하라

▶ INTRO

해외 취업을 준비하는 사람들이 가장 많이 걱정하고 고민하는 것은 역시 언어 문제다. "일본어나 영어를 얼마나 준비해야 하나요?"라는 질문을 정말 많이 받았다. 결론부터 말하면, 외국어는 죽을 때까지 계속 연습해야 한다는 것이다. 자라면서 두 개 언어를 동시에 계속 사용한 사람이 아니라면, 나처럼 평범한 토종 한국인들에게 외국어는 완벽하게 정복할 수 있는 대상이 아니다. 시간이 지나면서 외국어를 사용하는 데 익숙해지고 조금씩 더 편해질 뿐이다. 언어는 '도구'이기 때문에, 계속 연습해서 몸에 익히는 수밖에 없다. 운동과 마찬가지다. 꾸준히 운동해서 근력을 키운 사람도 한동안 운동을 하지 않으면 근육이 줄어들거나 다듬어놓은 몸이 흐트러진다. 마찬가지로 외국어도 꾸준히 듣고 말하지 않으면 감각을 잃어버린다. 결국 해외에서 일하면서도 언어를 꾸준히 연마해야 한다.

미국에서 대학원을 졸업한 후 3년이 지나서 출장으로 미국에 간 적이 있다. 그때 미국에 도착해서 충격을 좀 받았다. 유학 시절보다 영어가 더 안 들렸다. 미국에 살지는 않아도 업무에서 꾸준히 영어를 쓰고 있어서 실력이 늘었을 거라고 생각했는데, 내 예상과는 반대였다. 환경이 달라지니 듣기 실력이 금방 준다는 사실을 깨닫고 긴장하게 되었다. 그 이후부터는 일부러 미국 드라마나 뉴스를 꾸준히 보고 있다. 일본에 살아서 일본어는 하루 종일 듣는 환경이지만, 영어는 들을 기회가 줄었기 때문에 일부러 접할 수 있는 환경을 만들었다. 하지만 '죽을 때까지 계속 연습해야 한다'는 말에 기죽거나 실망하지는 말자. 해외 취업을 한 모든 사람이 완벽한 언어 실력이 있어서 취업한 것이 아니다. '어느 정도' 준비만 갖춘다면 누구나 도전할 수 있다.

'언어를 완벽하게 하고 나서 해외 취업에 도전해야지'라는 생각은 좋지 않다. 언어가 완벽하게 준비되는 날은 결코 오지 않는다. 주변 친구들 중에 영어나 일본어를 아주 유창하게 하는 사람들도 나름대로 고민을 한다. 자신의 의사를 막힘 없이 정확하게 표현할 수 있는 친구도 "이런 표현은 정말 네이티브 스피커가 아니면 생각하기 힘들다니까"라고 외국인으로서의 한계점을 이야기한다.

이 장에서는 두 단계로 나눠서 어느 정도 준비를 하면 좋은지 알아본다. 우선, 일본 취업의 관문인 이력서와 면접을 통과하기 위해서 어느 정도 일본어 실력이 요구되는지 살펴본다. 그리고 취직 후 실제로 근무할 때 어느 정도의 실력이 필요하고, 어떻게 준비하면 좋을지 알아보자.

▶ INTRO

신입은 JLPT N1, 경력직은 JLPT N2와 영어 실력이 요구된다

이력서가 통과되고 면접을 진행하기 위해서 어느 정도의 일본어 실력이 필요할까? 서류상으로 자신의 일본어 실력을 증명할 수 있는 방법은 역시 언어능력측정을 위한 시험을 통해서다. 비즈니스 영어 실력을 측정하기 위한 시험이 토익TOEIC이듯이, 일본어 능력을 측정하는 시험으로 JLPT가 있다. JLPT는 Japanese Language Proficiency Test, 즉 日本語能力試(일본어능력시험)다. JLPT는 N1, N2, N3, N4, N5의 5등급으로 나뉘는데, N1이 가장 높은 등급이며 N5가 가장 낮은 등급이다. JLPT는 토익처럼 점수를 받는 것이 아니라 합격선을 넘으면 등급을 취득하는 합격/불합격 제도로 운영되는 시험이다. 일본 회사들이 외국인의 일본어 능력을 가늠하기 위한 척도로 JLPT를 활용하고 있으므로, 일본 취업을 준비하는 사람은 JLPT를 반드시 준비해야 한다.

신입은 JLPT N1을 취득하라

내가 만난 일본 회사의 인사 담당자들이나 HR 에이전시의 채용 담당자들에 의하면, 신입사원 채용 시 가장 중요하게 보는 것은 커뮤니케이션 능력이다. 특히 외국인의 경우에는 '과연 이 사람이 업무에 지장이 없을 정도의 일본어를 구사할 수 있느냐'를 중점적으로 본다. 일본 회사들은 잠재력이 있고 자사의 가치관에 맞는 사람을 채용해 키운다는 생각을 하고 있기 때문에, 외국인뿐만 아니라 일본 대학생 지원자도 커뮤니케이션 능력을 중요하게 살펴본다. 심지어 회사에 입사한 다음에도 1년 차 사원을 대상으로 커뮤니케이션 교육을 실시하는 기업도 많다. 이런 상황이니 신입사원으로 지원한 외국인 학생은 JLPT N1을 취득해야 한다.

JLPT N1을 취득하려면 어느 정도 공부해야 할까? 한국 사람들은 일본어 습득이 빠르기 때문에 대부분 N3, 심지어 N2부터 시험을 보기 시작한다. 나는 하루에 2~3시간을 일본어 공부에 할애해 본격적으로 공부를 시작한 지 6개월 후에 N3를 취득했다. N2와 N1은 바쁜 직장생활을 하면서 준비해야 해서, N3 취득 후 1년 뒤 N2에 합격했고, 다시 1년 뒤 N1에 합격했다. N1 취득까지 총 2.5년이 걸렸다. 나는 언어감각이 뛰어난 편도 아니고, 컨설팅이라는 아주 바쁜 직종에 종사하면서 준비했기에 2년이 넘게 걸렸다. 하지만 내가 일본에서 만난 한국 사람들 중 일본에 와서 본격적으로 언어연수만 한 친구들은 1년 만에 JLPT N1에 합격했다. 현재 대학생인 젊은이들은 지금부터 일본어를 준비하면 한국에서 준비한다 해도 졸업 전에 JLPT N1을 취득할 수 있다.

경력직은 JLPT N2와 영어 실력을 갖춰야 한다

경력직 구직자의 경우는 어떠할까? 경력직의 경우는 자신의 경력이 어느 분야인지에 따라 다르다. 즉, IT인지 마케팅이나 금융 분야인지에 따라 다르고, 지원할 직무에 따라 조금씩 다르다. 일반적으로 영어 실력이 어느 정도 된다면 JLPT N2를 취득해 지원할 만한 외국계 기업들이 꽤 많다. 물론 JLPT N1과 영어 토익 고득점을 취득했고 한 분야에서 어느 정도 경력이 있는 사람들은 요즘처럼 일자리가 넘치는 일본의 취업상황에서는 지원 가능한 회사들이 정말 많고, 면접까지 받을 수 있는 가능성도 매우 높다.

하지만 N1을 취득할 때까지 기다리지 말고 N2를 취득한 순간부터 입사 지원을 시작해도 괜찮다. 영어 실력이 있고 일본어 JLPT N2에 합격했다는 것은 이 경력직 구직자가 영어와 일본어로 근무가 가능하다는 것을 증명하기 때문에 일본어 N2를 취득했다면 여러 회사에 도전할 수 있다.

한편 신입사원의 경우 토익 고득점을 취득했다면 일본 회사에서 아주 환영할 것이다. 한국의 평균 토익 점수가 약 670~680점인 반면, 일본은 510~520점이어서 일본에서 토익 700점이 넘으면 영어를 아주 잘 하는 사람이 된다. 취업뿐만 아니라 자신의 경력을 위해서도 토익을 포함한 영어 실력을 향상시키면 나중에 경력을 쌓아 이직할 때 일본 내 외국계 기업까지 고려할 수 있어서 유용하다. 그리고 N2 취득 후 일본에 취업하게 된 경력직원도 꾸준히 일본어를 공부하여 N1까지 취득하기를 추천한다. 향후 이직을 고려할 때 훨씬 많은 곳에 지원할 수 있기 때문이다.

JLPT는 어떻게 준비하면 좋을까?

나는 JLPT 전문가는 아니지만, 내 나름대로 공부한 경험과 주변의 한국 사람들이 준비한 과정에서 얻은 요령을 짧게 소개하겠다.

우선 '독해'에서 점수를 확보하는 것이 중요하다. JLPT는 각 레벨에 따라 N1~N2는 언어지식(문자 · 어휘 · 문법) · 독해, 청해의 두 섹션으로, N3~N5는 언어지식(문자 · 어휘), 언어지식(문법) · 독해, 청해의 세 섹션으로 나뉘어져 있다. 합격점은 N1은 100점, N2는 90점, N3는 95점이다. 또한 과락이 있어 언어지식, 독해, 청해에서 모두 19점 이상은 받아야 한다. 독해에서 점수를 확보해야 하는 이유는 두 가지 있다. 첫째로, 우리나라 사람들이 실력을 빨리 늘릴 수 있는 부분이 독해다. 둘째로, 독해 지문 하나당 3~4문제가 출제되므로 지문을 하나 잘못 이해하면 3~4문제를 연속해서 틀릴 수 있다. 언어지식에서 3~4문제를 맞히기 위해 얼마나 많은 단어와 구문을 공부해야 하는지 생각하면, 독해에서 점수를 얻는 것이 합격 전략이 될 수 있다.

나는 일본에 있으면서도 한국의 인터넷 강의를 들으면서 시험을 준비했다. 역시 시험과목만큼은 우리나라 강사들이 콕콕 집어서 잘 알려주기 때문에 인터넷 강의가 더 효율적인 것 같다. 인터넷에는 JLPT 합격수기, 준비방법 등 관련 정보가 넘쳐난다. 그중에서 자신에게 맞는 방법과 일정으로 잘 준비해서 꼭 합격하길 바란다. 다시 한 번 말하지만, 일본어는 한국 사람이 배우기 가장 쉬운 언어다. 누구나 1년간 열심히 공부한다면 JLPT N2에는 합격할 수 있다.

JLPT 시험 구성 및 인정 기준

레벨	과목	득점 범위	시간	인정기준
N1	언어지식 (문자·어휘·문법) 독해	0~60 0~60	110분	읽기 – 논리적으로 약간 복잡하고 추상도가 높은 문장 등을 읽고, 문장의 구성과 내용을 이해할 수 있으며, 다양한 화제의 글을 읽고, 이야기의 흐름이나 상세한 표현의도를 이해할 수 있다.
	청해	0~60	60분	듣기 – 자연스러운 속도의 체계적 내용의 회화나 뉴스, 강의를 듣고, 내용의 흐름 및 등장인물의 관계나 내용의 논리구성 등을 상세히 이해하거나, 요지를 파악할 수 있다.
	계	0~180	170분	
N2	언어지식 (문자·어휘·문법) 독해	0~60 0~60	105분	읽기 – 신문이나 잡지의 기사나 해설, 평이한 평론 등, 논지가 명쾌한 문장을 읽고 문장의 내용을 이해할 수 있으며, 일반적인 화제에 관한 글을 읽고, 이야기의 흐름이나 표현의도를 이해할 수 있다.
	청해	0~60	50분	듣기 – 자연스러운 속도의 체계적 내용의 회화나 뉴스를 듣고, 내용의 흐름 및 등장인물의 관계를 이해하거나, 요지를 파악할 수 있다.
	계	0~180	155분	
N3	언어지식 (문자·어휘)	0~60	105분	읽기 – 일상적인 화제에 구체적인 내용을 나타내는 문장을 읽고 이해할 수 있으며, 신문의 기사제목 등에서 정보의 개요를 파악할 수 있다. 일상적인 장면에서 난이도가 약간 높은 문장을 바꿔 제시하며 요지를 이해할 수 있다.
	언어지식 (문법)·독해	0~60		
	청해	0~60	40분	듣기 – 자연스러운 속도의 체계적 내용의 회화를 듣고, 이야기의 구체적인 내용을 등장인물의 관계 등과 함께 거의 이해할 수 있다.
	계	0~180	145분	

N4	언어지식 (문자 · 어휘)	0~120	95분	읽기 – 기본적인 어휘나 한자로 쓰여진, 일상생활에서 흔하게 일어나는 화제의 문장을 읽고 이해할 수 있다.
	언어지식 (문법) 독해			
	청해	0~60	35분	듣기 – 일상적인 장면에서 다소 느린 속도의 회화라면 거의 내용을 이해할 수 있다.
	계	0~180	130분	
N5	언어지식 (문자 · 어휘)	0~120	80분	읽기 – 히라가나나 가타가나, 일상생활에서 사용되는 기본적인 한자로 쓰여진 정형화된 어구나, 문장을 읽고 이해할 수 있다.
	언어지식 (문법) · 독해			
	청해	0~60	30분	듣기 – 일상생활에서 자주 접하는 장면에서 느리고 짧은 회화로부터 필요한 정보를 얻어낼 수 있다.
	계	0~180	110분	

일본어 듣기만큼은 거의 완벽해야 한다

일본어 능력시험, 이력서, 면접 등 열심히 준비하여 드디어 합격 통지를 받았다! 드디어 나도 해외 취업을 한 것이다. 하지만 기쁨도 잠시, 여러 걱정이 밀려들기 시작한다.

'과연 내가 외국어로 일을 할 수 있을까?' '내 진짜 일본어 실력이 들통나면 어떡하지?' '면접은 준비하고 외워서 어떻게든 됐는데……. 실제로 회사에서 잘 못 알아들으면 어쩌지?' 이런 생각이 드는 것은 당연하다. 그렇다면, 실제 취업을 해서 일본에서 일을 시작할 때 어느 정도의 일본어 실력이 필요할까? 해외에서 일할 때 가장 중요한 영역은 듣기, 말하기, 읽기, 쓰기 중 '듣기'이다. 듣기 실력을 기준으로 상대방이 무슨 말을 하는지, 회의시간에 팀원들이 무엇을 가지고 어떤 의견을 내는지 70~80퍼센트 정도는 알아들어야 업무에 지장이 없다. 그럼 왜 리스닝, 즉 듣기가 중요할까?

인풋이 있어야 아웃풋이 있다

모든 커뮤니케이션은 인풋input과 아웃풋output으로 구성된다. 외부에서 정보를 받아들이고(input) 그 정보를 처리하여 나의 의견이나 사실을 상대방에게 전달하는(output) 일련의 과정이 커뮤니케이션이고, 이 과정을 통하여 모든 업무가 진행된다. 만약 내가 인풋, 즉 들어오는 정보를 제대로 정확히 받아들이지 못한다면 당연히 아웃풋이 제대로 나올 수 없어서 커뮤니케이션이 이루어지지 않는다. 예를 들어, 여러분이 수강하는 과목에서 팀 과제가 주어진 상황이다. 일본인 교환학생이 여러분 팀에 배정되어 논의하는 중에 일본인 친구가 팀원들이 말하는 내용을 못 알아듣고 자꾸 딴소리를 한다면 어떨까? 무척 답답할 것이다.

아주 당연한 말이지만 업무에서 듣기가 제일 중요하고 시급한 영역이다. 읽기와 쓰기의 경우 특별한 상황이 아니라면 글을 이해하고 작문을 하는 데 시간을 여유 있게 쓸 수 있다. 또한 말을 할 때는 비록 더듬거리고 짧게 하더라도 내용을 정확히 이해한 후에 자신의 의견을 전달한다면 상대방이 들어줄 것이다. 하지만 실시간으로 내용을 파악하지 못하는 상황에 처하면 정말 난감해진다. 회의, 특히 전화 회의에서 내용을 제대로 파악하지 못하면 자신감이 없어지면서 머릿속은 점점 더 하얗게 되고 더욱 더 안 들리게 된다. 그리고 듣기에 너무 많은 에너지를 쏟아서 내용 파악에 급급하다 보면 자신에게 발언할 기회가 오거나 자신이 대답할 때 말할 에너지가 남지 않게 된다. 해외 취업을 준비하는 사람이라면 시험 준비에 더하여 듣기 영역에 많은 시간을 할애해야 한다.

신입은 듣기 실력이 가장 중요하다

어느 회사든 회의 후에는 회의 내용을 정리해서 참석자 전원에게 메일을 보낸다. 의논했던 안건과 향후 일정에 관해 정리해서 한 번 더 참석자들에게 내용을 상기시키는 것이다. 이 경우 신입사원이 회의록 작성을 맡을 확률이 많으므로, 신입사원은 듣기 준비를 많이 해야 한다. 내가 아는 후배는 신입 시절 회의에 들어갈 때마다 마이크로소프트Microsoft 사의 원노트One Note를 회의록 작성에 잘 활용했다. 원노트는 노트 필기를 할 수 있을 뿐만 아니라 음성녹음도 가능하며, 필기한 시간로그도 함께 보여준다. 즉, 필기 내용에서 특정한 문단이나 단락을 찾으면 그 시간대에 녹음된 음성 파일로 이동하여 음성 내용을 확인할 수 있다. 그 후배는 회의 시간에 원노트로 녹음하는 동시에 자신의 필기를 활용하여 회의록을 수월하게 작성할 수 있었다. 게다가 녹음을 들으면서 회의록 작성을 하다 보니 일본어 실력도 자연스럽게 늘었다는 말을 했다.

이메일 작성 요령

회의록 작성 이야기가 나온 김에 잠시 일본어 이메일 작성 요령도 이야기하면, 자신만의 이메일 노하우를 찾는 게 좋다. 이메일은 시간을 들여서 쓸 수 있어서 긴장이 덜하다. 일을 하다 보면 이메일의 종류가 어느 정도 구분될 것이다. 시간과 장소를 확정하거나 확인하는 이메일, 관련 서류나 필요한 도구를 요청하는 이메일, 참석자 명단을 확인하는 이메일 등 몇 가지 유형으로 구분된다. 특히 일본에서의 업무 이메일에는 일정한 작성 패턴이 있다. 인사말, 마무리하는 말 등이 정해져 있으므로 이메일 패턴 및 용어에 익숙해지면 금방 쓸 수 있다. 내 경우에는 일본 사람들이 쓴 메일을 받으면 복사해서 나만의 서식을 만들어뒀다. 그리고 필요할 때마다 서식을 가져다가 전달할 내용만 고쳐서 쓰는 식으로 일본어 이메일을 작성했다.

메일이나 문서 작성 시 한 가지 더 유용한 요령은 자신이 작성한 글이나 표현을 일본의 야후 재팬Yahoo Japan이나 구글 재팬Google Japan에서 확인하는 것이다. 일본어는 우리말과 구조가 상당히 비슷해서, 네이버나 구글의 번역기에 한글을 넣어도 괜찮은 일본어 문장이 만들어진다. 실제로 많은 한국 사람들이 네이버나 구글 번역기를 애용한다. 하지만 일본어 실력이 향상되면 번역기를 사용할 경우 약간 이상한 단어나 구문을 발견할 것이다. 이럴 경우에는 항상 야후나 구글에서 실제로 이 단어나 표현이 어떻게 사용되고 있는지 확인하면 더 자연스러운 일본어 이메일을 작성할 수 있다. 좀 번거롭지만 이러한 점검 과정을 거치면 일본어도 향상된다.

외국어는 눈이 아닌 귀로 공부하자

나는 일본어나 영어 전공자도 아니고 언어 전문가는 더 더욱 아니기 때문에 '과학적 근거에 의해 이렇게 이렇게 공부하는 게 좋다'라고 말할 수는 없다. 미국에 유학 가기 위해서 영어를 공부했고, 일본에서 일하면서 일본어를 오랜 기간 꾸준히 연습해서 이제는 회사에서 하고 싶은 의사표현은 할 수 있는 수준이다. 하지만 외국어 때문에 불편한 적이 없다고 말하면 거짓말이다. 나는 회화를 빨리 잘하는 법이나 하루 만에 귀가 트이는 법 같은 마법은 알지 못한다. 개인적으로 그런 방법은 없다고 생각한다. 해외에서 일하는 순간부터 지금까지 항상 외국어로 듣고 읽으면서 외국어에 의식적으로 귀와 눈을 노출시키고 있고, 이런 반복적인 노출과 연습이 외국어 공부의 정석이라고 생각한다.

외국어로 듣는 것이 편해져야 자신감도 생기고, 업무에도 집중할 수 있다. 들을 수 있으려면 외국어를 눈이 아니라 귀로 해야 한다. 즉, 글이 아닌 소리를 통해 외국어를 공부하는 것이 중요하다. 이는 일본어와 영어 모두 해당된다. 일본어는 한자를 봤을 때 그 의미는 이해하지만 실제로 어떻게 발음하는지 모를 때 그 단어는 내가 말할 수 없는 단어가 된다. 이 책을 읽는 독자 중에도 독해는 되는데 발음을 어떻게 하는지 모르는 단어들이 분명히 있을 것이다.

소리 내어 말할 수 있어야 아는 단어다

'내가 입 밖으로 소리 내어 쓸 수 있는 단어'와 '그냥 아는 단어'는 다르다. 우리 모두는 '아는 단어'는 많다. 그러나 정작 내가 입 밖으로 내어 사용할 수 있는 단어는 얼마나 될까? 영어든 일본어든 막상 자신이 머리로만 알던 단어를 입 밖으로 소리 내어 보면 그 단어가 자신이 생각한 대로 잘 나오지 않는 경험이 있을 것이다. 말은 많이 들은 후에 나온다. 이는 어린아이가 언어를 배우는 과정과 같다. 아기들은 엄마와 아빠, 주변 사람들을 통해 한국어를 많이 들은 후에야 비로소 '엄마' '아빠'라는 단어를 말할 수 있게 된다. 이와 같은 원리로 외국어는 먼저 많이 들은 다음에 말문이 트인다. 사람에 따라 속도의 차이는 있을 수 있지만, 한 가지 분명한 점은 어느 누구도 외국어를 듣지도 않았는데 말을 할 수는 없다는 것이다.

우리나라의 외국어 교육 방식은 독해와 문법, 단어에 지나치

게 치우쳐 있어서, 들으면서 외국어를 익히라는 점을 재차 강조하고 싶다. 일본어 독해 실력과 듣기 실력이 꽤 차이 나는 한국인과 중국인들이 많다. 한자를 아는 덕분에 독해 영역에서 높은 점수를 올려서 JLPT N1을 취득했지만 실제로 JLPT N1 수준의 듣기 실력을 갖추지 못한 사람이 의외로 많다.

듣기를 많이 해야 되는 또 다른 이유는 억양intonation의 습득과 관련 있다. 영어든 일본어든 네이티브 스피커의 억양을 많이 듣고 익혀야, 실제로 말할 때도 그 억양을 따라서 발음할 수 있다. 일본어는 특히 발음이 쉽고 한국어와 비슷해서 금방 말이 입에서 나오지만, 한국어식 억양이 그대로 나오는 사람들이 종종 있다. 똑같은 문장을 말하더라도 억양이 일본인과 많이 다르면 상대방이 못 알아듣는 경우도 있고, '외국인이 하는 일본어'라는 인상을 준다. 일본인이 사용하는 일본어를 많이 들어서 억양을 귀에 익혀야 말할 때도 귀에 익힌 억양대로 말이 나온다.

내용을 이해하고 들어야 익힌다

여기서 한 가지 짚고 넘어가야 할 점이 있다. 귀를 통해 언어를 익히는 것은 매우 중요하지만, 내용 이해 없이 계속 듣기만 하는 것은 효과가 별로 없다. 자막이 없더라도 무슨 말을 하는지 대부분 파악할 수 있는 고급 실력자라면 자막이 필요 없지만, 그렇지 않다면 반드시 자막을 보면서 자신이 못 알아들은 부분이 어떤 단어였는지 확인하고 넘어가야 한다. 확인 학습을 거쳐야 그 다음에 똑같은 단어나 구문이 나왔을 때 알아들을 수 있다.

아직 일본어 공부를 시작한 지 얼마 안 된 초보자가 어려운 뉴스를 자막을 보면서 공부하는 것은 힘들 것이다. 하지만 문법과 단어, 독해가 일정 수준 이상이 되면 음성을 지속적으로 들으면서 일본어를 습득하는 것이 아주 중요하다. 초급자들은 단어와 문법, 독해 실력을 향상시키면서 애니메이션이나 쉬운 드라마 등으로 듣기 연습을 시작하는 것도 방법이다.

업무에 도움이 되는 콘텐츠로 공부하자

요즘은 클릭 한 번으로 전 세계의 드라마나 뉴스를 언제 어디서나 볼 수 있는 세상이다. 무료로 언어를 공부하기에 정말 좋은 환경이다. 해외 드라마로 일본어나 영어 공부를 하는 사람들도 많다. 그런데, 일본어나 영어 공부를 위해 일부러 시간을 내어 드라마나 뉴스를 볼 정도라면, 콘텐츠를 선별해서 공부하면 더욱 효과적이다. 예를 들어, 요즘 인기 있는 미국이나 일본의 형사 드라마나 의학 드라마는 일본어나 영어 공부에 그다지 큰 도움이 안 된다. 아예 아무것도 안 보고 안 듣는 것보다는 낫겠지만, 이러한 장르의 드라마에서 익힌 단어를 실제로 내가 회사나 일상생활에서 사용할 확률이 거의 낮기 때문이다.

우리가 해외 취업을 위해 준비해야 할 일본어나 영어는 생활 일본어나 생활 영어가 아니다. 식당에서 음식을 주문하거나 슈퍼에서 돈을 지불할 때 쓰는 말이 아니라는 뜻이다. 이러한 생활 일본어나 생활 영어는 해외에서 3개월 정도 살면 누구나 유창하게 할 수 있고, 설령 조금 어눌하게 한다 해도 사는 데 전혀 지장이 없다. 정작 해외 취업을 하고 싶은 사람들이 준비해야 할 외국어는 다르다. 거래처를 만났을 때, 제안서를 프레젠테이션 할 때, 프로젝트 종료 후 결과를 상사에게 보고할 때, 팀 회의에서 내가 주도하고 있는 프로젝트의 경과를 설명할 때를 대비해서 언어를 준비해야 한다.

형사 드라마나 의학 드라마 대신에 사무실을 주 배경으로 하는 일본 드라마를 보면서 비즈니스 일본어 및 경어 사용법을 자연스럽게 배우는 것이 좋다. 예를 들어, 은행을 배경으로 한 〈한자와 나오키半沢直樹〉와 〈하나사키 마이가 잠자코 있지 않아花咲舞が黙ってない〉, 중소기업을 배경으로 한 〈변두리 로켓下町ロケット〉, 출판사를 배경으로 하는 〈중쇄를 찍자重版出来〉, 일본의 헤트헌팅 업계를 배경으로 한 〈헤드헌터ヘッドハンター〉 등의 드라마를 추천한다.

뉴스도 통역대학원을 준비하는 사람이 아니라면, 정치나 국제정세 뉴스보다는 경제, 비즈니스 뉴스를 많이 듣는 것이 좋다. 언어 실력 향상에 도움이 될 뿐만 아니라 자연스럽게 비즈니스 용어를 익히고 자신이 종사하고 있는 업계의 소식도 들을 수 있어서 일석이조의 효과를 누릴 수 있다.

영어 공부를 할 때 나는 전쟁, 테러, 정치 이야기가 주를 이루는 CNN 뉴스보다는 미국의 ABC, NBC, CBS 뉴스를 주로 듣는다. 요즘은 인터넷이나 스마트폰 앱으로 언제든 접속이 가능할 뿐만 아니라, 영어 자막을 켤 수 있는 기능caption의 on/off 설정도 있어서 공부에 더할 나위 없이 좋다. 각 방송사의 홈페이지에 들어가 비디오 섹션을 클릭하면 주제별로 최신 뉴스를 볼 수 있다.

일본어의 경우는 NHK 홈페이지에서 비즈니스 뉴스를 볼 수 있다. 일본에 거주할 예정이거나 현재 거주 중이라면 테레비 도쿄TV Tokyo 채널에서 방송하는 경제 뉴스 프로그램 〈WBS〉, 특정 기업의 성공 비결을 분석하는 프로그램인 〈캄브리아 궁전カンブリア宮殿〉, 경제 다큐멘터리인 〈가이아의 새벽ガイアの夜明け〉 등은 일본 경제와 비즈니스, 트렌드를 이해하는 데 많은 도움이 된다. 아쉽게도 이 프로그램들은 한국에서는 재생이 안 되지만 일본에 살게 되면 꼭 시청하면서 일본어와 일본 경제, 비즈니스에 대한 이해를 동시에 높이길 바란다.

일본어와 영어 실력 향상에 도움이 되는 사이트

영어

1. 다양한 분야에 관한 최신 뉴스 사이트

- ABC News: https://abcnews.go.com/video
- NBC News: https://www.nbcnews.com/video
- CBS News: https://www.cbsnews.com/video/

2. 듣기 공부를 시작하기에 적절한 뉴스 사이트

- VOA Voice of America: https://learningenglish.voanews.com/
- BBC Learning English: http://www.bbc.co.uk/learningenglish/

빠른 속도의 뉴스가 아직 부담스러운 사람들이 시작하기에 적합한 사이트들로, 다양한 분야의 청취자료와 함께 학습자료가 게재되어 있다.

3. 지식 공유 플랫폼 TED: https://www.ted.com/

테드는 이미 한국에서도 유명한 사이트로 자막 기능이 제공되어 청취 연습에 유용하다.

일본어

- NHK의 경제 뉴스: https://www3.nhk.or.jp/news/business.html
- TV Tokyo의 경제 뉴스: http://www.tv-tokyo.co.jp/wbs/
- 니혼게이자이 신문: https://www.nikkei.com/

TIP 07

단순노동 분야 전면 개방, 일본어 못해도 취업할 수 있다

일본 정부가 심각해지는 노동력 부족에 대해 특단의 조치를 취했다. 지금까지 일본의 외국인 수용 정책은 국내 치안을 고려하여 고도의 전문 지식을 가진 외국인에 한정했다. 고도의 전문 지식이라고 하지만 거창한 것은 아니고 단순노동 업무가 아닌 사무직 중심으로 외국인을 채용했다. 단순노동 분야에서도 외국인을 일부 수용했지만, 기능 실습생으로 분류하여 따로 관리해왔다.

2018년 5월 일본 정부는 노동력 부족이 심각한 5개 분야(건설, 농업, 숙박, 간병, 조선)에 외국인 노동자를 수용하기로 결정했다. 2025년까지 5개 분야에서 50만 명 이상의 외국인 노동자를 받아들일 전망이다. 2019년 4월에 이들을 위한 새로운 재류자격을 만들 것이다. '특정기능평가시험(가칭)'을 신설하여, 시험에 합격한 외국인은 취업자격, 즉 최장 5년의 취업비자를 얻을 수 있게 된다.

특정기능평가시험은 외국인 노동자가 기본적인 작업이 가능한지 확인하기 위한 목적으로 시행되며, 각 산업 단체가 실시하고 있는 실기 시험으로 대체할 것으로 보인다. 구체적인 계획은 2018년 가을에 다시 발표될 예정이다.

여기서 파격적인 부분은 일본어가 서툴러도 된다는 것이다. 원칙적으로 JLPT N4 취득을 요구하지만, 농업이나 건설 분야에서는 N4를 취득하지 않아도 된다(N4는 한국 사람들에게는 정말 쉽다). N4를 요구하는 대신에 실제 현장에서 사용하는 일본어를 지원자가 이해하고 있는지를 확인한다. 예를 들어, 농업 분야에서 일할 외국인에게는 "제초제를 가져 오세요"라는 일본어 질문에 맞는 사진을 선택하는 식으로 일본어 이해도를 점검한다.

자국 치안과 자국민 보호를 최우선으로 하는 일본 정부가 외국인 노동자에게 전면적으로 문호를 개방하고 외국인 노동자로부터 '선택 받는 나라'가 되기 위해 외국인 수용 관련 각종 제도를 시급히 구축하고 있다. 이런 동향을 보면서 현재 일본의 노동력 부족이 얼마나 심각한지 알 수 있고, 일본 정부도 이 사태를 심각하게 받아들이고 있다는 것을 엿볼 수 있다.

새로운 재류자격 50만 명

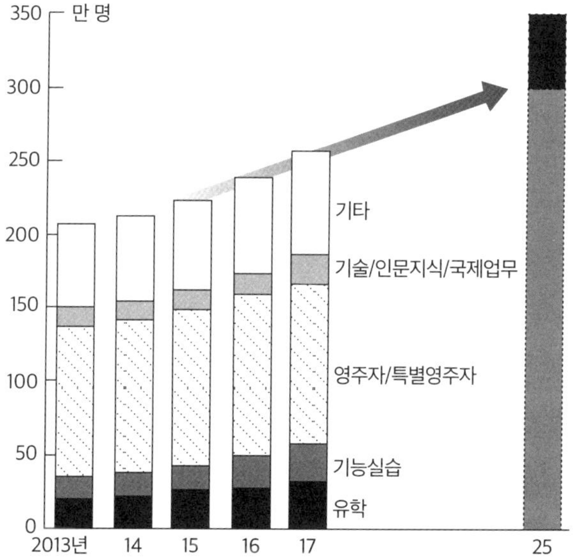

출처: 《니혼게이자이 신문》

영문 이력서 샘플

독자 여러분을 위해 영문 이력서를 공유합니다. 자신의 경력과 성취를 CAR 형식을 통해 잘 드러낸 이력서들입니다. 지면의 제약으로 인해 이력서가 2페이지에 걸쳐서 보이지만, 실제로는 이 이력서들 모두 A4용지 한 장에 딱 맞게 작성되었습니다. 경력이 아주 많은 지원자를 제외하고는 가능하면 영문 이력서를 한 페이지로 작성하길 권합니다. 한 페이지로 작성된 이력서는 깔끔하고 정돈된 이미지를 줍니다. 또한 채용 담당자는 하루에도 수많은 이력서를 보기 때문에 한 장이 넘는 이력서의 2페이지는 잘 보지 않는 경향이 있습니다.

영문 이력서 샘플 1(재무 경력)

FIRST/LAST NAME

Address | mobile phone number | email address

PROFILE

Finance **MBA** with Big Four **Public Accounting** Experience, Advanced **SAP, Excel, Power Point** skills

Experience in **Forecast/Budgeting, Variance Analysis, Financial Analysis and Financial Modeling**

EDUCATION

School Name , City, Country May 20XX

Master of Business Administration, major in Corporate Finance, minor in *Marketing*

- Corporate Finance Academy, faculty-selected member
- Globase Ghana Leadership Team – Led 19 students conducting consulting projects in Africa

School Name , City, Country July 20XX

Bachelor of Financial Accounting

- Merit Based Scholarship - awarded to top 5% of students

EXPERIENCE

Company Name, City, Country May 20XX- August 20XX

Finance Intern, Financial Shared Services

- Participated in drafting quarterly budgeting and reconciliation standard working instructions for the SAP Financial Reporting Module by working with IBM, PwC, and internal consultants to achieve well defined rules of engagement
- Led U.S. Finance SAP Security Code Mapping Project, including process prioritizations for non-U.S. subsidiaries and the initiation of 7 finance functional analyses, to a successful U.S. launch

Company Name, City, Country December 20XX – July 20XX

Finance Analyst, Financial Planning and Analysis

- In charge of expenses forecasting, accruals and reconciliation based on historical reports and financial investigation with executives in other function of business

• Recommended tactical business changes based on a thorough investigation of financial statements and ROE projections which were approved by executive management
• Conducted expenses analysis reports which improved the quality and timing of executive decisions

Company Name, City, Country

Audit Associate, Assurance and Advisory Services July 20XX – November 20XX
• Consolidated all income statements and implemented expense review procedures for 28 Canon China subsidiaries resulting in suggested improvements in management's expense reduction proposal
• Participated in intercompany elimination (mainly in AR, AP, OR, and OP) among 34 subsidiaries of Yanjing Brewery Co., - the biggest Chinese Beverage company
• Teamed in quick pre-acquisition financial statement audits, restructuring maps, and due diligence processes of High Technology and Real Estate companies
• Managed and mentored onsite audit teams as a 2nd year associate, an E&Y policy exception
• Responsible for segments of Project Yanjing to streamline project planning and budgeting processes of High Technology and Real Estate companies
• Performed internal control reviews including GL, cash, purchasing, and sales, to recommend actionable process improvements resulting in increased efficiencies for over 15 clients and E&Y

Audit Intern, Assurance and Advisory Services July 20XX – August 20XX
• Developed project components of the Xinhua Bookstore IPO in Hong Kong
• In charge of client and 3rd party engagement communication details resulting in more efficient audits
• Analyzed client accounts receivable, accounts payable, cash, and foreign currency transactions

ADDITIONAL

• California CPA Candidate, Licensed Accounting Professional in China
• Fluent in Mandarin; achieved Business English Certificate Higher (Cambridge)

영문 이력서 샘플 2(영업관리 경력)

NAME
Address
Mobile phone number
Email address

EDUCATION

School Name, City, Country May 20XX

Master of Business Administration, major in *Marketing*

- Kelley MBA Global Fellowship recipient
- Consumer Marketing Academy, faculty-selected member

School Name, City, Country July 20XX

Bachelor of International Relations

- Scholarship recipient, faculty-selected for International Marketing Monitoring
- Peer selected for Director position in United Nations Model

EXPERIENCE

Company Name, City, Country Sept. 20XX – March 20XX

Customs & International Trade Services Trainee

- Selected out of 20,000 candidates, successfully researched tax legislation and identified critical tax cuts for companies looking to establish new business units in Brazil, improving cash flow and reducing operating costs by ~20%

Company Name, City, Country Feb. 20XX – March 20XX

Account Manager (Sales Supervisor), 07/XX-03/XX

- Successfully managed a monthly Business Development Fund of over $250K, creating sales plans for the Health Care and Beauty categories that increased overall sales volume by 15%, with 20% of brands growing share
- Increased coverage by 40%, by developing and maintaining close relationship with distributor's managers and store owners
- Identified incorrect pricing strategy in main perfumery distributor, recovering Beauty Categories business and indexing 150 in volume growth vs. YA

• Created and executed an off-season sales plan for Vicks brand, eliminating $2MM in distributor's overstock, increasing sell-in of the next Winter Plan by ~30%

Pharmacy Program Go-To-Market Supervisor (Sales Representative), 07/XX-06/XX

• Led a team of 120 sales people, achieving 100% of stores with visibility and 65% of brands growing share

• Successfully integrated 100% of the Pharmacy Program sales team and Distributors in the Beauty Categories Go-To-Market Program, earning a monthly average of $2.5M in additional sales

Pharmacy Program Go-To-Market Assistant (Sales Intern), 02/XX-06/XX

• Identified critical opportunities in the merchandising deployment flow, reducing implementation of in-store promotions from 30 to 7 days

• Eliminated over $150K in late payments, by operating with discipline and coordinating communications between cross-functional teams in Brazil and Costa Rica

ADDITIONAL

• Fluent in Portuguese & English, conversational in Spanish

• Rotary exchange student in the United States and FAAP exchange student in Argentina

영문 이력서 샘플 3(마케팅 경력)

FIRST/LAST NAME

Address | mobile phone number | email address

EDUCATION

School Name , City, Country May 20XX

Master of Business Administration

- Merit Fellowship Recipient

School Name , City, Country June 20XX

Bachelor of Science, GPA: 3.75/4.0

- Graduated with Honors, awarded Dean's Award for outstanding academic achievement
- Fall 2003 Dean's List, First Year Honor (top 10% rank in class)
- Founder and Team Leader, Science Women's Volleyball Club

EXPERIENCE

Company Name, City, Country March 20XX – May 20XX

Senior Project Planner

- Identified online promotion strategies for a large Taiwanese seasoning manufacturer; persuaded senior management to execute word-of-mouth campaigns and led to long-term client engagement
- Led 3 junior associates in developing client pitches to local food and beverage industry companies, acquiring 2 e-marketing projects with total funds of $70,000

Company Name, City, Country April 20XX – February 20XX

Marketing Planner

- Developed e-marketing strategies for 30+ brands through consumer segmentation and competitor analysis; executed solutions for 20 projects accounting for one-third of revenues in our department
- Created online campaigns for HTC's first Google phone in Taiwan market; repositioned brand image which attracted 360,000 page views within a month
- Designed a psychological test via social media as marketing messages for a new mineral water brand in Taiwan, attracting 477,000 members and exceeding response rate by 151% (average 10+ %)
- Led 14-member cross-functional team to plan and execute sales

promotion strategies for 3M water purification products, resulting in over 600 online coupons redeemed within first week

- Developed and delivered a social media training program for a leading Japanese CPG company Kao, as CEO-selected planner with 4 department heads, achieving high level of client relationship
- Coached 15 new hires in conducting marketing research, increasing organizational team performance

Company Name, City, Country April 20XX – March 20XX

Account Executive

- Led creative teams to develop brand identity from conception to execution including positioning, naming, print advertising, packaging design for 8 SHISEIDO brands, securing $1MM in revenue
- Managed the agency's second largest account SHISEIDO and established an internal project management framework, increasing tracking efficiency by 20%
- Analyzed cosmetics industry trends and developed strategic recommendations for SHISEIDO's sub-brand, leading to cross-industry alignment with jeweler Hearts On Fire and sales boost by 10%

ADDITIONAL

- Native speaker of Mandarin and Taiwanese, fluent in English
- Won the 3rd place in 15-team university-wide competition of geological research presentation (20XX)
- Avid traveler and singer; visited over 20 countries; sang at Taipei's Metropolitan Hall (20XX)

영문 이력서 샘플 4(엔지니어 경력)

NAME

Address
Mobile phone number
Email address

EDUCATION

School Name, City, Country May 20XX

Master of Business Administration, major in Finance, GMAT: 700

- Faculty selected member Corporate Finance Academy
- Forté Foundation Scholar; Chair, Scholar/Employer Relations Committee, Forté Foundation
- Fellowship Recipient, Consortium for Graduate Study in Management
- Vice President, Kelley Association of Women MBAs, elected by 81 members

School Name, City, Country June 20XX

Bachelor of Science, cum laude, concentration Mechanical Engineering
Bachelor of Arts, cum laude, concentration Japanese

- Executive board member/four-year officer, Beta Beta Beta social sorority
- Student President, Habitat for Humanity TAMU Chapter
- Peer elected Vice President, La Casa Student Outreach Center

EXPERIENCE

Company Name, City, Country June 20XX – August 20XX

Senior Manufacturing Engineer, 8/XX-8/XX

- Identified and implemented best manufacturing practices throughout 5 stamping plants across Toyota's North American Operations (NAO)
- Formulated goals, as a member of the NAO Planned Maintenance Strategies Board, to reduce cost and better utilize maintenance manpower
- Accelerated completion of maintenance goals through the use of predictive technology for cost savings of $5.7M
- Led team that reduced costs and improved efficiency by 20% as indicated in the Harbour Manufacturing Report through implementing common manufacturing systems

Technical Support Supervisor, 1/XX-8/XX

- Developed and implemented action plans to improve the efficiency of production processes and the safety of the skilled tradesmen. achieved 5% reduction in scrap and improved throughput by 11%
- Created a rational training process for skilled tradesmen, which incorporated the use of information technology to increase efficiency and reduce indirect labor costs

Utilities and Environmental Engineer, 6/XX-1/XX

- Provided guidance on all environmental issues and utilities
- Maintained and upgraded all communication equipment (radios, pagers, broadband) for the plant

ADDITIONAL

- Fluent in Japanese & Spanish
- Marathon runner (15 marathons to date); qualified for Boston Marathon in 20XX
- Traveled extensively in 51 countries
- Big Sister, Big Brothers & Big Sisters of Brazos County

Action Verb 리스트

Management/Leadership Skills(경영/리더십)

administered
analyzed
appointed
approved
assigned
attained
authorized
chaired
considered
consolidated
contracted
controlled
converted
coordinated
decided
delegated
developed
directed
eliminated
emphasized
enforced
enhanced
established
executed
generated
handled
headed
hired
hosted
improved
incorporated
increased
initiated
inspected
instituted
led
managed
merged
motivated
organized
originated
overhauled
oversaw
planned
presided
prioritized
produced
recommended
reorganized
replaced

restored
reviewed
scheduled
streamlined
strengthened
supervised
terminated

Communication/People Skills(커뮤니케이션/대인관계)

addressed
advertised
arbitrated
arranged
articulated
authored
clarified
collaborated
communicated
composed
condensed
conferred
consulted
contacted
conveyed
convinced
corresponded
debated
defined
described
developed
directed
discussed
drafted
edited
elicited
enlisted
explained
expressed
formulated
furnished
incorporated
influenced
interacted
interpreted
interviewed
involved
joined
judged
lectured
listened
marketed
mediated
moderated
negotiated
observed
outlined
participated
persuaded
presented
promoted
proposed
publicized
reconciled
recruited
referred

reinforced
reported
resolved
responded
solicited
specified
spoke
suggested
summarized
synthesized
translated
wrote

Research Skills(리서치)

analyzed
clarified
collected
compared
conducted
critiqued
detected
determined
diagnosed
evaluated
examined
experimented
explored
extracted
formulated
gathered
identified
inspected
interpreted
interviewed
invented
investigated
located
measured
organized
researched
searched
solved
summarized
surveyed
systematized
tested

Technical Skills(기술)

adapted
assembled
built
calculated
computed
conserved
constructed
converted
debugged
designed
determined
developed

engineered
fabricated
fortified
installed
maintained
operated
overhauled
printed
programmed
rectified
regulated
remodeled
repaired
replaced
restored
solved
specialized
standardized
studied
upgraded
utilized

Teaching Skills(교육)

adapted
advised
clarified
coached
communicated
conducted
coordinated
critiqued
developed
enabled
encouraged
evaluated
explained
facilitated
focused
guided
individualized
informed
instilled
instructed
motivated
persuaded
set goals
simulated
stimulated
taught
tested
trained
transmitted
tutored

Financial/Data Skills(재무/자료)

administered
adjusted
allocated
analyzed

appraised
assessed
audited
balanced
calculated
computed
conserved
corrected
determined
developed
estimated
forecasted
managed
marketed
measured
planned
programmed
projected
reconciled
reduced
researched
retrieved

Creative Skills(창의성)

acted
adapted
began
combined
conceptualized
condensed
created
customized
designed
developed
directed
displayed
drew
entertained
established
fashioned
formulated
founded
illustrated
initiated
instituted
integrated
introduced
invented
modeled
modified
originated
performed
photographed
planned
revised
revitalized
shaped
solved

Helping Skills(도움 및 협력)

adapted
advocated
aided
answered
arranged
assessed
assisted
cared for
clarified
coached
collaborated
contributed
cooperated
counseled
demonstrated
diagnosed
educated
encouraged
ensured
expedited
facilitated
familiarize
furthered
guided
helped
insured
intervened
motivated
provided
referred
rehabilitated
presented
resolved
simplified
supplied
supported
volunteered

Organization/Detail Skills(조직 및 운영/상세 업무)

approved
arranged
cataloged
categorized
charted
classified
coded
collected
compiled
corresponded
distributed
executed
filed
generated
implemented
incorporated
inspected
logged
maintained
monitored
obtained
operated

ordered
organized
prepared
processed
provided
purchased
recorded
registered
reserved
responded
reviewed
routed
scheduled
screened
set up
submitted
supplied
standardized
systematized
updated
validated
verified

More verbs for Accomplishments(성취 및 업적 추가 동사)

achieved
completed
expanded
exceeded
improved
pioneered
reduced (losses)
resolved (issues)
restored
spearheaded
succeeded
surpassed
transformed
won

초격차 영업법

이정식 지음 | 14,300원

장기불황 · 저성장 · 서든데스 시대, 경쟁자가 감히 따라 잡을 수 없는 초격차 기업들만의 현장 전략!

'초격차 영업 4P모델'은 저성장은 물론 역성장시대에도 매출을 올릴 수 있는 영업 전략 모델이다. 이는 영업 프레임워크를 위한 '전략 영업'과 이런 전략을 실행에 옮기는 '실행 영업', 그리고 효율과 생산성을 만들어 낼 수 있는 '프로세스 영업', 마지막으로 단기적 성과는 물론 장기적 성과를 낼 수 있는 '성과 영업'을 말한다. 그리고 이 책에서는 이를 쉽게 이해하고 자신의 영업 상황에 적용 가능하도록 설명한 것을 담고 있다.

창업은 브랜딩이다

김영수, 조진희, 정의홍 지음 | 15,000원

100여 개 브랜드의 론칭과 리뉴얼, 경영 등 브랜딩 전략 프로젝트를 수행한 컨설팅 그룹의 창업자를 위한 브랜딩 전략'

고객이 우리 회사를 찾지 않는 이유를 알 수 없었다면, 신사업을 구상하는데 어디서부터 시작할지 막연하다면, 왜 내 창업은 늘 수명이 짧은지 답답하다면, 이 책을 읽자. 100여 개 브랜드를 성공적으로 론칭, 리포지셔닝한 브랜드 모델링 전문가가 내 비즈니스 이해를 바탕으로 시장과 경쟁자 분석, 고객 분석, 장기 전략 수립까지 '창업을 위한 브랜딩'의 모든 것을 알려준다.

브랜딩의 관점에서 비즈니스를 재정의하고, 세부 경영 전략을 세우는 이 책은 저자의 풍부한 사례, 국내외 성공 사례 분석을 바탕으로 내 비즈니스에 맞는 브랜드, 찰나가 아니라 100년 가는, 스토리를 가진 영속하는 브랜드를 만드는 매뉴얼을 제공한다.